KANN MAN SAGEN,
MUSS MAN ABER NICHT

Für PG, für alles und Backfisch

Duden

Andreas Neuenkirchen

KANN MAN SAGEN, MUSS MAN ABER NICHT

Mit Illustrationen von Inge Voets

Dudenverlag
Berlin

Eine Kritik an der Kritik der Sprachkritik

Wir alle wissen: Worte können Waffen sein. Manchmal jedoch sind Worte nur ein Fingerzeig. Und oft genug sind sie die Finger, die nicht nur, wie es im Floskeldeutsch heißt, in die Wunde gelegt werden, sondern ganz penetrant hineingebohrt. Wenn der »Sinn« nur noch »gemacht« wird, wenn alles »zeitgleich« und nichts mehr »gleichzeitig« geschieht, wenn Bankangestellte Mundwerke haben wie Gangsterrapper.

Im deutschsprachigen Raum wurde sprachlicher Schönheit schon mal größeres Augenmerk zuteil als heute, und das ist gar nicht so schrecklich lange her. Anfang des 21. Jahrhunderts, nach Jahren der Verwahrlosung durch die sogenannte Spaßgesellschaft der 1990er-Jahre, galt es plötzlich als schick, sich anständig auszudrücken. Überall schauten und hauten süffisante Sprachkolumnisten dem Volk aufs Maul, und das Volk rief: »Mehr! Mehr!« Es gab kaum eine Zeitung oder Zeitschrift, die sich nicht einen schadenfrohen Besserwisser leistete, der Fehlleistungen in Dativbildung, Apostrophsetzung oder gutdeutscher Sprachreinheit genüsslich anprangerte. »Sprachpolizist« war keine Beleidigung, sondern eine Auszeichnung. Eine Art Kosename gar. Sprachpolizisten und Sprachpolitessen suchten und fanden einander, gingen fortan Hand in Hand durchs Leben, glücklich in der Gewissheit, viel besser Deutsch zu können als der gemeine Pöbel. Man schlenderte durch die Fußgängerzonen der Provinz, knipste Fotos von Schildern mit sogenannten Deppenapostrophen, klebte sie daheim ins Deppenapostrophenfotoalbum, lachte sich schlapp und fühlte sich herrlich überlegen.

Dabei übersah die Polizei, dass das Leben kein Schuldiktat ist und Sprache mehr als bloße Bürokratie, in der es nur Nullen und Einsen, richtig oder falsch gibt. So kam es bald, wie es kommen musste, und es kam die Gegenbewegung. Die neue Strenge in der

Sprachkritik wich einem neueren Laisser-faire (auf gut Deutsch gesagt). Sprachpolizisten wurden zu Sprachnazis degradiert, und Nazis sind nicht gut, so viel weiß man. Der aktuelle Trend in der Sprachkritik ist eine Kritik an der Sprachkritik. Denn Sprache sei halt etwas Lebendiges, so wird argumentiert. Etwas, das wächst, gedeiht und sich verändert. Dieser Umstand sei nicht schlimm, sondern evolutionäre Normalität. Sogar das ROFL-OMG-WTF-YOLO-Gebrabbel der modernen Mobilkommunikation sei eine wunderbare neue Kulturtechnik, die studiert und zelebriert statt kritisiert gehöre. Junge Schnösel und alte Grantler hätten bereits vor Jahrhunderten den vermeintlichen Sprachverfall beklagt, und doch sprechen wir alle noch, irgendwie. Nicht mehr wie vor Jahrhunderten, zugegebenermaßen, aber das könne ja auch keiner wollen.

Nein, das möchte wohl tatsächlich niemand (oder höchstens eine sehr begrenzte Anzahl Exzentriker und Exzentrikerinnen im statistisch nicht relevanten Bereich). Dennoch: Sprachkritik tut not, heute wie gestern. Eben weil Sprache etwas Lebendiges ist. Lebendiges kann leiden, wer würde das bestreiten wollen? Sprachkritiker haben nicht die Aufgabe, Entwicklungen zu hemmen, sondern sie zu lenken. Sie müssen ihre Finger nicht notwendigerweise in Wunden legen (schon gar nicht, wenn sie Berührungsängste gegenüber allzu abgegriffenen Redewendungen haben), sondern lediglich aufzeigen, wo es wehtut. Die Schmerzlinderung kommt in den meisten Fällen aus der Sprache selbst, man muss dort nur ein wenig suchen. Sprachkritikern vorzuwerfen, sie wollten die Weiterentwicklung der Sprache verhindern, ist so, als würde man Literaturkritikerinnen vorwerfen, sie versuchten die Weiterentwicklung der Literatur zu verhindern, nur weil ihnen hin und wieder ein Buch nicht gefällt. Oder werfen wir einen Blick in den Garten: Will man dem Gärtner einen Vorwurf machen, weil er das Unkraut jätet, damit die Blumen prächtiger blühen? Auch Botanikkritik ist notwendig, möchte man das Schöne wahren.

Dieses Buch möchte keineswegs alles verdammen, was nicht schon in Opas kleiner Deutschfibel stand, und nicht gleich jedes Wort mit ►Migrationshintergrund als undeutsch denunzieren. Dennoch wollen wir einen kritischen Blick werfen auf einige oft unachtsam nachgeplapperte und viel zu schnell verinnerlichte Wortungetüme. Um deren Herr zu werden, muss man erst mal feststellen, in welchen Habitaten sie überhaupt am verlässlichsten anzutreffen sind. Hierfür wagt sich das Buch in sieben Hauptbereiche:

Die Sprache der Angeber und Aufschneiderinnen ✌

Welche **Codes** und **Chiffren** werden denn in Ihrer **Blase getriggert**? Mit diesen Wörtern meint sich jeder Einfaltspinsel zum großen Geist hochtönen zu können.

Alltag und Small Talk 💬

Im Endeffekt wird im Small Talk **letztlich ein Stück weit** wenig **spannend** dahergeredet, und wenn dann **zum Bleistift** noch Unlustige lustig sein wollen, **funzt latürnich** gar nichts mehr.

Jugendsprache und Popjargon ★

Kranker Scheiß und **geile** Zeiten bis man **fett** zu alt ist, sich derart auszudrücken. **Spoiler**-Warnung: Die Sprache der Jugend kann betören und verstören, sollte aber in jedem Fall ein Privileg der Jugend bleiben.

Anglizismen 🇬🇧

Welches **Feeling** hatten Sie nach dem **Voten**? Dazu hätten wir gerne Ihr **Feedback**. Vielleicht können wir uns nach dem **Lunchen meeten**.

Presse und Werbung 📺

Transparent, nachhaltig und **ganzheitlich** wollen uns **Influencer** mit **dynamischen** und **authentischen** Themen **abholen**. Darauf gibt es **Gänsehaut-Garantie**, leider.

Politik und Stammtisch 🍺

Ist eine **Krise** noch das, was man manchmal im Stadtverkehr oder an der Supermarktkasse »kriegt«, oder ist sie schon Krieg? Ist Schaden nur halb so schade, wenn er **Kollateralschaden** ist? Ist es wirklich so schlecht, ein **Gutmensch** zu sein? Und ist »neoliberal« das neue »Nazi!«?

Die Sprache der Arbeitswelt 📅

Welche **Hausnummer** müssen wir auf dem **Schirm** haben, bevor wir uns dazu **committen**, jeden sprachlichen Anstand fahren zu lassen? Kann das nicht irgendein **Entscheider** mal **zeitnah challengen**?

Jeder Eintrag in diesem Buch ist mit mindestens einem Symbol markiert, das seine Kategorie oder Kategorien verrät. Da deren Schnittmengen groß sind, finden sich bei den meisten Stichwörtern mehrere Symbole. Die Arbeitssprache schwappt in den Alltag, der Einzug des Englischen ist ein milieuübergreifendes Phänomen, und am Jugendjargon klammert man sich heute bis ins hohe Alter und durch alle Schichten fest.

Aber hat nicht jede und jeder das Recht, so zu sprechen, wie ihr oder ihm der Schnabel gewachsen ist? Selbstverständlich. Zum Recht auf freie Rede gehört allerdings ebenso das Recht, auf unschöne Rede hinzuweisen. Dieses Buch ist kein Regelwerk, sondern eine Sammlung unverbindlicher Vorschläge. Man kann sie sich gänzlich oder vereinzelt zu Herzen nehmen. Muss man aber nicht.

abartig 🗨 Wer Menschen als **abartig** bezeichnet, weil sie aufgrund ihrer Angewohnheiten oder Angeborenheiten nicht den eigenen Vorstellungen vom properen Auftreten der Spezies entsprechen, der demonstriert damit verlässlich seine Menschenverachtung. Wer dagegen äußert, dass es heute mal wieder **abartig** heiß war, der beschwert sich lediglich salopp übers Wetter. Das eine ist sicherlich harmloser als das andere. Vielleicht könnte man dennoch — im einen wie im anderen Fall — auf ein Adjektiv, das im vermeintlichen Abweichen von einer vermeintlichen Norm nur etwas Unpässliches und Unschickliches sieht, einfach mal verzichten. Das wäre **abartig** schön.

abholen 📅 📺 »Wir müssen die Kunden dort **abholen**, wo sie sind.« Hört man solche Phrasen aus der Marketingabteilung, dann ist das beste Gegenmittel, unmittelbar danach ein bisschen dem Satiriker Wiglaf Droste bei einer seiner archivierten Lesungen zuzuhören: »Ist es wieder so weit? Werden wieder Menschen **abgeholt**? An der Haustür? Ins Café? Zum Frühstück? Mitten in Deutschland? Vor unser aller Augen? Dazu dürfen wir nicht schweigen!«[1] Zugegeben, vielleicht sah er das ein wenig zu eng. Zum Frühstück darf man gute Freundinnen und Freunde an der Haustür schon mal **abholen**. Ein fehlgeliefertes Paket sollte man unbedingt beim Postamt

abholen. Sperrmüll kann man ohne Gewissensbisse **abholen** lassen. Aber Kunden, Mitarbeiterinnen, Geschäftspartner ungefragt **abzuholen**, das gehört sich rein sprachlich nicht. **Abholen** ist etwas für Kinder und Dinge, die dann in der Regel nach Hause gebracht werden. Und genau das will das **Abholen** der Marketingsprache bewirken: dass wir uns bereit erklären, unseren persönlichen Raum mit weiterem Tand zuzustellen.

Action-Item 🇬🇧 🎬 Hört man das Wort *Action*, dann

horcht man auf, denn es verspricht zünftige Unterhaltung. Bezeichnet die deutsch geschriebene *Aktion* lediglich eine »Handlung« (kommt sie doch vom lateinischen *actio*, was ebendieses bedeutet), so ist die englische Schreibweise im deutschen Kontext einer ausdrücklich »spannenden Handlung« oder »turbulenten Szenen« vorbehalten. Trotzdem sind **Action-Items** nichts weiter als Aufgaben, die dringend erledigt werden müssen. Dass das bislang nicht geschehen ist, liegt offenbar daran, dass sie weder spannend sind noch Turbulenzen versprechen. Anders als die abstrakte, expressionistische Kunstform des *Action-Paintings*, bei der es tatsächlich recht turbulent zugehen kann, haben die **Action-Items** zum Glück bislang nicht den Weg in den Duden gefunden. Das steht hoffentlich auch nicht als **Action-Item** auf der ▶ *Agenda*.

Agenda 🇬🇧 Am schleichenden Bedeutungswandel des Sub-

stantivs **Agenda** lässt sich schön (oder eben besonders unschön) beobachten, wie leicht die Deutschen ihre Sprache mit der englischen verwechseln. Das Wort, das ursprünglich aus dem Lateinischen kommt und für »Dinge, die zu tun sind« steht (von *agere*, »agieren«), gibt es in beiden Sprachen und hat in beiden dieselbe Bedeutung: Es handelt sich um eine Liste von Gesprächs- und Verhandlungspunkten. Im Englischen hat sich allerdings eine weitere, umgangssprachliche Definition etabliert, nämlich die einer heimlichen Absicht, die sich hinter Worten, Taten und Werken verbergen kann. Sagt man: »Eastwoods neuer Film kommt mit einer konservativen **Agenda**«, dann meint man damit keineswegs, dass vor dem Vorspann ein altbackenes Inhaltsverzeichnis steht, sondern dass der Künstler uns zwischen den Zeilen und Bildern etwas vermitteln bzw. unterjubeln möchte. Diesen Umstand allerdings kann man durchaus auch ausdrücken, ohne das unschuldige Wort **Agenda** mit hineinzuziehen und dabei seine Bedeutung zu verwässern.

Alter ★ Seit Anbeginn der Zeit, so scheint es, bezeichnen sich junge Männer gegenseitig aus Jux als **Alter**: »Ey, **Alter**, alles klar?!« Der Jux ist inzwischen leider viel älter als die, die ihn skrupellos am Leben erhalten. Ob ein Verzicht durchzusetzen ist, darf bezweifelt werden. Wie heißt es im Sprichwort? »Wie die Alten sungen, so zwitschern die Jungen.«

alternative ★ 🏴󠁧󠁢󠁥󠁮󠁧󠁿 Gemeint ist hier nicht das schöne Substantiv *Alternative*, also laut Duden eine »freie, aber unabdingbare Entscheidung zwischen zwei Möglichkeiten«, sondern das englische Adjektiv **alternative**, das seit geraumer Zeit auch im Deutschen jedem alten Hut bunte Federn aufzusetzen versucht, gerne mal abgekürzt zu *alt* (die entlarvende deutsche Lesart haben die englischsprachigen Erfinder freilich nicht mitgedacht). Wer *Alternative Music* hört, hält sich für etwas Besseres als die, die nach eigener Aussage »eigentlich querbeet alles, was gerade so in den Charts ist« mögen. Wer der Alt-Right-Bewegung angehört, legt Wert darauf, kein dumpfer alter ▸ *Nazi* zu sein, sondern zu einer verwegenen neuen Art von konservativen Querdenkern zu gehören. Dabei ist *Alternative Music* auch bloß Musik, meistens veröffentlicht von Subunternehmen der Großunternehmen, die querbeet alles veröffentlichen, was gerade so in den Charts ist. Und der Alt-Rechte steht auch nur für alte Ideen in erschreckend jungen Köpfen. Glücklicherweise sind diese Konzepte keineswegs ▸ *alternativlos*.

alternativlos 🍺 Ja, es stimmt: Manche Wörter darf man denken, obwohl man sie nicht sagen sollte. Das Politikerinnen und Politiker von Thatcher bis Merkel ihre Politik für **alternativlos** halten, ist kein Skandal, auch wenn das Adjektiv 2010 zum Unwort des Jahres gewählt wurde. Sie sollen ruhig überzeugt sein von dem, was sie tun und sagen. Andernfalls könnten sie kaum andere von dessen Richtigkeit überzeugen. Die zackige Vokabel sollte allerdings ein stummes Motto zur Selbstmotivation bleiben. Daraus ein offen ausgesprochenes Argument zu machen, womöglich noch das einzige, das man hat, ist eine geistige, moralische und philosophische Bankrotterklärung. Es heißt: »Wir machen es so, weil uns nichts Besseres einfällt.« Es ist zugleich der klägliche Versuch, allen anderen ebenfalls das Weiterdenken zu untersagen. In Demokratien kommt man so nicht weiter. Wer sich mit der Alternativlosigkeit seiner Vorhaben brüstet, der provoziert, dass anderswo vermeintliche Alternativen für das Land nur so aus dem Heimatboden schießen. Nicht alle müssen gut sein, und nicht alles, was sich als Alternative verkauft, ist tatsächlich eine. Denn eine *Alternative* (vom lateinischen *alternus*, »abwechselnd«) ist eine Auswahlmöglichkeit. Oder, wie der Duden ebenfalls nicht vergisst: »Eine weibliche Person, die der Alternativbewegung angehört.« *Alternative* heißt jedoch nicht: »Wir machen jetzt mal denselben Unsinn wie vor 100 Jahren.«

andenken 🎞️ Legt man ein Buch nach wenigen Seiten beiseite, dann hat man es *angelesen*. Denkt man einen Gedanken nicht zu Ende, dann hat man ihn … angedacht? Ja, kann man sagen. Muss man aber nicht. Vor allem stellt sich die Frage: Warum hat man ihn nicht zu Ende gedacht? War einfach die

Zeit zu knapp? Oder hat sich der Gedanke schon in dieser frühen Phase disqualifiziert, sodass sich ein Weiterdenken nicht lohnte? Das bleibt ebenso offen wie der Gedanke selbst.

Das Substantiv *Andenken* ist dagegen von anderem Kaliber. Es kann die Erinnerung an Verstorbene bezeichnen oder ein Mitbringsel aus dem Urlaub (fremdsprachlich: Souvenir). Es hat mitnichten etwas mit unvollständigem Denken zu tun, sondern vielmehr mit dem Nicht-Vergessen. Das passt auch besser zu einer weiteren Bedeutung des Verbs, nämlich dem gedanklichen Anstemmen gegen etwas: »Ich denke dagegen an, die Bedeutung des Verbs **andenken** zu minimieren.« Da denk mal einer an.

Angebotsoptimierung 🗓 Ein kleiner Wirtschafts-Geheimtipp für alle ▸ *Entscheider* und die, die es werden wollen: »Weniger« ist in den allerseltensten Fällen »mehr« und wird – allen scheinklugen Sinnsprüchen zum Trotz – von den meisten auch nicht so wahrgenommen. Ein Ladenhüter wird nicht attraktiver, wenn man ihn gleichzeitig schlechter und teurer macht. Leider ist genau das allzu oft gemeint, wenn ein Anbieter von **Angebotsoptimierung** spricht: Die Bahn fährt nicht mehr, wo sie einmal fuhr; die Zeitung kommt ohne Kulturteil; von der Speisekarte wurde das Leibgericht gestrichen. Optimal ist das für keinen. Nicht mal für den Optimierer, denn so optimiert er sich schnell die Klientel weg. Die **Angebotsoptimierung** ist ein Pfosten jener unheiligen euphemistischen Dreifaltigkeit der Betriebswirtschaft, die vom Besinnen auf die ▸ *Kernkompetenzen* und vom ▸ *Gesund-schrumpfen* vervollständigt wird.

anpingen 🗓 Im EDV-Jargon spricht man von **anpingen**, wenn ein Computer einem anderen Computer ein Signal sendet, das dessen Erreichbarkeit im Netzwerk überprüft. In der

Arbeitswelt ist **anpingen** ein absurdes Synonym für »kontaktieren« und klingt eher nach Babysprache als nach Geschäftssprache. Merke: Geschäftsmündige Menschen pingen nicht an. Sie rufen an, sie schreiben, sie kontaktieren. Fragt das nächste Mal jemand: »Darf ich Sie mal **anpingen**?« Dann lautet die einzige richtige Antwort: »Solange ich kein Computer bin und Sie kein Computer sind, lassen Sie das mal lieber bleiben.«

asozial ★ 🏛 🗨 Zur korrekten Verwendung des Adjektivs **asozial** gibt es eine ganz einfache Faustregel: Wer andere als **asozial** bezeichnet, ist es selbst. Eigentlich beschreibt das Wort, geformt aus dem griechischen *a-* (»un-«) und dem lateinischen *socialis* (»gesellschaftlich«), Menschen, die nicht fähig sind, sich in die Gesellschaft einzugliedern, oder diese sogar durch ihr Verhalten schädigen. Selbstverständlich gibt es solche Gesellen, und warum sollte man auf deren schadhaftes Handeln nicht hinweisen? Leider hat aber der Stammtisch längst den Begriff beschlagnahmt und auf alle gemünzt, die in der gesellschaftlichen Hackordnung unter den Stammtischbrüdern und -schwestern stehen, ob selbst verschuldet oder nicht, ob nützlich oder schädlich, ob gut oder böse. Da darf es nicht wundern, dass **asozial** über die gesellschaftspolitische Konnotation hinaus auch gerne als Schimpfwort für alles benutzt wird, was einem nicht ganz geheuer ist: »Eine ziemlich **asoziale** Kneipe ist das hier.« Wenn es sich um jene handelt, in der der besagte Stammtisch steht, passt es wieder.

ätzend ★ Im Labor brodeln Laborantinnen und Laboranten vor Wut, denn ihnen laufen die Adjektive davon und machen draußen einfach, was sie wollen. ▸*Toxisch* ist neulich erst ausgebüxt; vorgemacht hat es schon vor vielen Jahren **ätzend**. Beim dazugehörigen Verb *ätzen* ist noch alles in Ordnung: Es meint in erster Linie das zerstörende, zerfressende, auflösende Wirken von Säuren und Laugen und lediglich in salopper Nebenbedeutung besonders bösartiges Höhnen. Dass der Begriff mit viel Fantasie ein kleines bisschen wie *essen* klingt, kommt dabei nicht von ungefähr: Er stammt ab vom althochdeutschen *ezzen*, was unter anderem für »füttern« und »essen machen« stand. Das bedeutet allerdings nicht, dass das Essen damals echt **ätzend** war. Den Zusammenhang verdanken wir eher dem Fressverhalten der Säure, wenn sie auf feste Stoffe trifft. Anders als das Verb konnte das Adjektiv den Kampf gegen die Umgangssprache nicht für sich entscheiden: Man hört es heute fast ausschließlich als Synonym für »abscheulich« oder »furchtbar«: »**Ätzend**, wie die Leute daherreden.« Sagt dann die Laborantin: »Diese Säure ist total **ätzend**«, dann lässt sich schwer feststellen, ob die chemische Verbindung in ihrem Reagenzglas besonders gut oder besonders schlecht gelungen ist.

aufschlauen ★ 🔟 Würden Sie sich für einen Studiengang einschreiben, der folgendermaßen um Ihre Aufmerksamkeit wirbt? »Der Kurs besteht aus vier fluffigen Lerneinheiten, in denen du dich zu Methoden wie *in vitro* und *in vivo* und zur Kombi mehrerer Testsysteme **aufschlaust**.« Trotzdem geht die deutsche Website Oncampus, laut Selbstbeschreibung »Megaprovider im E-Learning« (immerhin eines der drei Wörter ist deutsch), genau so auf Studenten- wie Studentinnenfang. Menschen, die Deutsch als Fremdsprache lernen, freuen sich oft darüber, dass man sich im Deutschen offenbar ganz einfach *schlaumachen* kann. Das junge **aufschlauen** ist die weniger schlaue Variante davon. Noch hat sie es nicht in den Duden geschafft. Und das muss sie auch nicht, wenn wir alle versprechen, uns bei jeder sich bietenden Gelegenheit *schlauzumachen*, und weder uns noch andere jemals **aufzuschlauen**.

Augenhöhe 📺 »Verhandlungen auf **Augenhöhe**« wünscht und verspricht man sich nicht selten in der Geschäftswelt und meint damit ein demokratisches, gleichberechtigtes Miteinander. Meistens ist diese **Augenhöhe** aber nur ein frommer Wunsch desjenigen, der hochguckt, oder ein reines Lippenbekenntnis desjenigen, der nach unten schaut. Um den Rest des Gesichts nicht zu vernachlässigen: Beim inflationären Gebrauch der Floskel »auf **Augenhöhe**« kann man eigentlich nur die Stirn runzeln, die Nase rümpfen und sich die Ohren zuhalten.

Augenmaß 📺 🍺 Wer beteuert, »Politik mit **Augenmaß**« zu betreiben, der meint damit, dass er besonnen und umsichtig handelt. Womöglich auf ▶ *Augenhöhe* mit den einfachen Menschen auf der Straße. Dabei dürfen wir von Politikerinnen dasselbe erwarten wie von Handwerkern: Bitte nicht einfach nur nach **Augenmaß** arbeiten; wir hätten es gern etwas präziser. Sonst könnten wir es auch selbst machen und müssten nicht extra eine Fachkraft ranlassen.

-Aus 📺 Liest man sich durch die Klatsch- und Lokalpresse, könnte man meinen, in Deutschland sei alles aus. »Liebes-**Aus** bei Sophia Thomalla!« »Ehe-**Aus** bei Adel Tawil!« »Trash-Fluch schlägt zu – Beziehungs-**Aus** für Sam Dylan!« Und nicht zu vergessen: »Pokal-**Aus** für Trillfingen!« Gut, im Fußball hat das *Aus* eine gewisse Bewandtnis, obwohl es auch dort nicht immer das unwiderrufliche Ende einer Partie oder gar eines Turniers markiert, sondern einfach den Bereich jenseits der Tor- und Seitenauslinien bedeuten kann. Für das Benennen des dramatischen Abschlusses entscheidender Lebens- und Geschichtsabschnitte (und wenn es sich nur um die Geschichte des lokalen Sportvereins handelt) sollte man sich nicht lumpen lassen und etwas angemessenere Formulierungen finden als ein unscheinbares Suffix.

auschecken 🇬🇧 ★ »Check it out!«, rufen die Anglofonen, wenn sie jemanden auffordern wollen, sich etwas genauer zu Gemüte zu führen. Das finden viele vermeintlich Deutschsprachige so überzeugend, dass sie ebenfalls Dinge sagen wie: »Ich muss das mal **auschecken**!« Benennen sie damit die Absicht, ein Gepäckstück aus der Gepäckverwahrung im Hotel auszulösen, dann liegen sie richtig. Meinen sie damit allerdings »überprüfen« oder »untersuchen«, dann sollten sie lieber diese Wörter benutzen. Denn **auschecken** bezeichnet im Deutschen einzig und allein die Aufhebung des Eingecheckt-Seins. Wobei man über Sinn und Unsinn des ▶ *Checkens* im Deutschen ganz im Allgemeinen noch das eine oder andere weitere Wort verlieren könnte.

authentisch 🎞 📺 Wenn etwas **authentisch** (nach dem altgriechischen *authentikós*) ist, dann entspricht es laut Definition den Tatsachen, ist also wahr. Eine nüchterne Feststellung, eine geringe Anforderung an Menschen und Inhalte, sollte man meinen. Und doch wird dieses Adjektiv dieser Tage derart mit Emotionen aufgeladen und aufgebläht, dass es jederzeit platzen und uns alle mit ungenießbarem Bedeutungsbrei bekleckern könnte. Das Online-Magazin »Karrierebibel« versucht *Authentizität* mit komplexen Diagrammen zu erklären[2]: Es handelt sich wohl um die Schnittmenge aus Reden, Handeln, Denken, Fühlen, Schein und Sein. Kann ein Mensch überhaupt **authentisch** bleiben, wenn er ständig ausrechnen muss, wie **authentisch** er gerade ist? Schwierig auch, dass jeder auf andere Art **authentisch** sein muss. Der Rockstar ist es, wenn er mit breiten Beinen und schwungvollen Bewegungen Fernsehgeräte durch geschlossene Hotelzimmerfenster befördert. Die Politikerin dann eher nicht. Sie muss, um ihre Authentizität zu unterstreichen, auch nicht unbedingt schon einmal im Knast gewesen sein (außer zu wohltätigen Zwecken). Für den Gangsta-Rapper hingegen empfiehlt sich das eine oder andere Jahr hinter Gittern im Lebenslauf. So jedenfalls die Vorstellung. Doch man muss sich keine Sorgen machen: In Wirklichkeit ist **authentisch** lediglich das Schlagwort, das man bemüht, wenn einem sonst keines einfällt. **Authentisch** ist das kleine Geschwisterchen von ▶*Respekt*: ein Lob für alles, an dem es sonst nichts Lobenswertes gibt. **Authentisch** ist ein Hilferuf scheiternder Rhetoriker. Schlimm wird es erst, wenn man es selbst im Mund führt.

Backlash 🇬🇧 ★ 📺 ✌ Eine altgediente Punkband verkauft ihre aufwühlendste Widerstandshymne an die Eiskonfekt-reklame? Eine liberal verortete Kinderbuchautorin erlaubt sich plötzlich konservative Ansichten? Die schrullige Art eines für seine Schrulligkeit bekannten Schauspielers wird nur noch als nervige Masche wahrgenommen? Dann ist es höchste Eisenbahn für den **Backlash**! Der englische Ausdruck (wörtlich: »Gegenschlag«) beschreibt eine Gegenreaktion, die immer dann eintritt, wenn etwas zu lange zu erfolgreich war. Die alten Fans sind ungehalten über die jungen Fans, weil die ja nun wirklich gar nichts verstehen, und die, die nie Fans gewesen waren, graben so lange, bis sie endlich die Leichenteile im Keller beziehungsweise im Twitter-Feed finden. Und weil dieser Kreislauf sich immer und immer wiederholt, hört auch das Wort nie auf, seine Kreise durch Mediendebatten und Privatgespräche zu ziehen. Und natürlich haben es immer alle schon immer gewusst, dass es mal so weit kommen würde. **Backlash**-Experten und -expertinnen überall. Man denke an die mahnenden Worte der Sängerin Nicole: »Flieg nicht so hoch, mein kleiner Freund«, sang sie 1981, ein Jahr vor ihrem Höhenflug beim »Grand Prix Eurovision de la Chanson«, wie der »Eurovision Song Contest« damals in Deutschland hieß (aber nicht in Frankreich, dort hieß er »Concours Eurovision de la chanson«). Ihr **Backlash** kam wohl 1985; ab da folgten laut Wikipedia sechs Langspielplatten ohne Chartplatzierungen. Nur sagte man damals noch nicht **Backlash** dazu. Gegeben hat es das trotzdem. Genauso wie das *Comeback*, das gemeinhin auf den **Backlash** folgt.

Backoffice 🔲 ⚏ Das englische **Backoffice** (»Hinterbüro«) steht für den Verwaltungsapparat von Unternehmen. Mit anderen Worten: Dort wird dafür gesorgt, dass die Besserverdienenden im *Frontoffice* in Lohn und Brot bleiben. Eine redliche Aufgabe also, und dennoch wird der Begriff seine sprachliche Nähe zum »Hinterzimmer« und damit ein gewisses Geschmäckle nicht los. Wer im **Backoffice** sitzt – so legt zumindest die oft herablassende Benutzung des Wortes nahe –, der gehört nicht so richtig zum Betrieb dazu und wird ihn stets so verlassen, wie er hereingekommen ist: durch die Hintertür beziehungsweise durch den Personaleingang.

batteln ★ ⚏ Wenn junge Leute mit vorgerecktem Kinn fragen: »Ey, Alter, wollen wir uns **batteln**?«, dann klingt das nach einer grammatisch inkorrekten Aufforderung zum gemeinsamen Anfordern von Almosen (»betteln«), meint aber eine kämpferische Auseinandersetzung auf Basis des englischen Verbs *to battle* (etwa: »eine Schlacht schlagen«) – mal handgreiflich, meistens nur spielerisch oder sportlich. Beim einen ist man finanziell arm dran, beim anderen zunächst nur sprachlich (nach der *Battle* mögen weitere Unpässlichkeiten dazukommen).

Bauchgefühl 🗨 Ist es das Herz, die Seele oder das Hirn, das den Menschen steuert? Nein, es ist heutzutage wohl vor allem der Bauch, also der untere Teil des Rumpfes zwischen Becken und Zwerchfell. Denn da muss es ja herkommen, dieses ominöse, viel beschworene **Bauchgefühl**. Es steht für eine emotionale Einschätzung bar jeder Vernunft. Dafür einen anschaulicheren Begriff zu wählen als das Fremdwort *Intuition* ist sicherlich nicht verkehrt. Doch kommen diese Eingaben wirklich aus dem Gedärm? Seien wir ehrlich: Das einzige Bauchgefühl, das wir regelmäßig haben, ist Hunger. Manchmal vielleicht noch … aber lesen Sie weiter.

Bauchschmerzen 🗨 Schmerzt Menschen und Wirbeltieren der Rumpf zwischen Zwerchfell und Becken, dann spricht man von **Bauchschmerzen**. Hegt man in einer Sache starke Bedenken, dann kann das psychosomatisch zwar zu solchen führen, allerdings sicherlich nicht so oft, wie redensartlich behauptet wird. Um der Abwechslung willen könnte man erwägen, auch andere körperliche Beschwerden ins Feld zu führen, um Unzufriedenheit auszudrücken. Sagt zum Beispiel jemand: »Im ▸ *Endeffekt* bereitet mir die Präse von morgen noch ein wenig **Bauchschmerzen**.« Dann kontert man mit: »Immer, wenn ich so was höre, bekomme ich Ohrensausen.«

bei dir 🇬🇧 »I am with you«, sagt man im Englischen, wenn man ausdrücken möchte, dass man jemandes Standpunkt teilt. Inzwischen schmeißt sich mancher auch im Deutschen derart intim an Gesprächspartner ran: »Da bin ich ganz **bei dir**.« Manch anderem ist das zu viel der Nähe, nicht weit entfernt von: »Ich weiß, wo du wohnst.« Warum nicht lieber ein höflich distanziertes: »Ganz Ihrer Meinung.«?

Beitragsanpassung 🐷

Wer meint, dass man nach einer **Beitragsanpassung** weniger Geld in der Tasche hat als vorher, der irrt sich gewaltig. **Beitragsanpassungen** gehen durchaus in beide Richtungen, und zwar immer: Der Anpassende hat hinterher mehr Geld in der Tasche, der ungefragt Angepasste weniger.

bespaßen 🎤

Das Verb **bespaßen** bedeutet laut Duden, dafür zu sorgen, dass jemand Spaß hat, klingt für diese lustige Sache aber zu aggressiv. Man kann dem **Bespaßen**, das ja kaum anders als mit Tröten, Gummihühnern und Quietschehämmern daherkommen kann, unmöglich entkommen. Spätestens da tritt die Nähe zwischen **Bespaßen** und Belästigen klar zutage.

Bestie 🇬🇧 ★

Wenn die Jugend vom **Bestie** spricht (sprich: »Besti«), dann meint sie einen besten Freund oder eine beste Freundin. Wenn in der Unterhaltungsliteratur eine *Bestie* (»Besti-e«) erwähnt wird, ist das sehr häufig ein Drachen oder ein Werwolf. Gut, im Sinne der populären modernen Monsterromanzen kann natürlich auch ein mythologisches Geschöpf oder eine Kreatur der Nacht ein enger Vertrauter sein: Eine Bestie wird zum **Bestie**. Aber schriftlich verwirrend ist diese Übernahme aus dem englischen Slang schon. In der Originalsprache besteht die gefährliche Verwechslungsgefahr zwischen *bestie* (»best friend«) und *beast* (»Untier«) nicht.

bildungsfern 🏛 📺 Die Begriffe der *Bildungsferne* und *Bildungsnähe* gerieten durch die PISA-Studien, internationale Untersuchungen zur Schulleistung, in den deutschen Debatten-kreislauf. Gemeint waren Schüler und Schülerinnen, die analog zum Bildungsgrad ihrer Eltern der Bildung fernblieben oder ihr nahestanden. Das Adjektiv **bildungsfern** ist unglücklich, weil mehrdeutig. Bei mehrdeutigen Begriffen kann man sich der populistischen Instrumentalisierung sicher sein, und so wird auch dieser fast nur noch in seiner diskriminierenden Lesart ge-lesen. Sicherlich gibt es Menschen, die der Bildung fernbleiben. Doch ist das die Schuld dieser Menschen oder die des Bildungs-systems? Pauschalisieren lässt sich weder das eine noch das andere. Dennoch ist der Begriff **bildungsfern** heute meist nur als Anschuldigung der damit Bedachten gebräuchlich.

Binge-Watching ★ 🇬🇧 Bei wenigen Begriffen ist es bedauerlicher als beim **Binge-Watching** (aus dem Englischen von »Gelage« und »ansehen«), dass die deutsche Sprache sich nicht die Mühe einer Übersetzung gemacht hat. Gemeint ist das Ansehen vieler Folgen einer Fernsehserie hintereinander, ohne zwischendurch nennenswerte Pausen zu machen. Vor dem *binge watching* gab es im Englischen bereits das *binge drin-king*, auch ein Problem in deutschen Großraumdiskotheken und Absturzkneipen. Dafür hat man eine hervorragende Über-setzung gefunden: *Komasaufen*. Warum also nicht *Komagucken* statt **Binge-Watching**? (Am besten aber ganz sein lassen, denn das Vergnügen und die Aufmerksamkeit wachsen, je mehr Zeit man sich lässt. Wer seine Lieblingsserie wirklich liebt und die Leistung ihrer Macher schätzt, genießt sie langsam und konzentriert.)

Blase ✌ 📺 Was man früher nicht alles hatte: eine Familie, einen Freundeskreis, einen Tellerrand, Arbeitskollegen, den

Krieg-der-Sterne-Fanclub. Heute hat man stattdessen lediglich eine **Blase** bzw. man ist Teil von ihr, zusammen mit Erzeugern und Nachwuchs, Freundinnen, Kollegen und Vereinskameradinnen. Aber wie fühlt man sich eigentlich in einer **Blase**? Man möchte gar nicht wissen, was sonst noch darin schwimmt oder worin man da überhaupt schwimmt. Eigentlich meint das Wort, das vom althochdeutschen *blāsa* (»blasen«) kommt, einen mit Luft gefüllten oder durch ein Gas gebildeten kugeligen Hohlraum in einem festen oder flüssigen Stoff. Doch im modernen Wichtigtuer-Vokabular ist es als Kurzform der *Filterblase* in aller Munde. Der Duden beschreibt diese junge Bedeutungsvariante als »selektive Informationsauswahl auf Webseiten durch Berücksichtigung des Nutzerverhaltens, -standorts«, doch der Volksmund bezeichnet damit eher das soziale Umfeld, online wie offline, oder eben den eigenen Tellerrand. Warum sagt man das dann nicht auch? Wenn man nicht gerade ein Kleinkind mit einem Plastikröhrchen Seifenlauge in der einen und einer Pustevorrichtung in der anderen Hand ist, hat das Wort eher unschöne Konnotationen. Man muss sich dafür nicht mal an den eigenen Unterleib fassen. Die *Wirtschaftsblase* etwa heißt ja nicht so, weil sie so wunderschön ölig funkelt, sondern weil sie zum dramatischen Platzen verdammt ist. Sicherlich: Über den eigenen Tellerrand sollte man bisweilen hinausschauen. Aber ein unwiderrufliches Zerplatzen des sozialen Umfelds kann sich wohl keiner wünschen.

Bleistift (zum) 🔊 Zum Bleistift zu sagen, wenn man »zum Beispiel« meint, funzt latürnich nur, wenn man auch ▸ *funzen* und *latürnich* für die Krönung humoristischer Wortakrobatik hält.

briefen 🇬🇧 🔟 Das Verb *verbriefen*, das eine schriftliche Zusicherung beschreibt, wird im Duden als »veraltend« gescholten.

22

Ganz neu dafür ist **briefen** (seit 2000 gelistet). Das ist allerdings keine Kurzform des alten Wortes. Es hat auch nichts mit Brief und Siegel zu tun, sondern mit dem englischen *briefing*, also dem Informieren. Im Englischen steht außerdem das Adjektiv *brief* für »kurz und knapp«. So ist **briefen** die Kurz-und-Knapp-Version von »informieren« oder »in Kenntnis setzen«. Würze ist in dieser Kürze kaum zu finden. Man begegnet eher fader Verknappung.

Bruh 🏴󠁧󠁢󠁥󠁮󠁧󠁿 ★ Das deutsche **Bruh** kommt vom englischen *bruh*, was wiederum von *bro* kommt, und jenes von *brother* (»Bruder«). Damit kann (selten) ein Blutsverwandter gemeint sein, oder (nicht ganz so selten) ein guter Freund. Meistens aber ist der Ausruf »Bruh!« eine moderne Version von: »Heilige Mutter Gottes!« Es handelt sich also nicht um die Anrufung einer konkreten Person, sondern um einen Ausdruck der Verwunderung mit missbilligender Tendenz. Früher sagte die Jugend: »Würg.« Ein gelungenes Schlusswort zu diesem Thema.

canceln 🏴󠁧󠁢󠁥󠁮󠁧󠁿 Wir wollen gar nicht erst das explosive Fass aufmachen, ob es die *Cancel Culture*, also das Boykottieren öffentlicher Personen bis zu deren Verbannung aus der Öffentlichkeit, wirklich gibt, oder ob sie lediglich ein Hirngespinst konservativer Bedenkenträger und Verschwörungstheoretikerinnen ist. Schön wäre es aber, wenn es sie zumindest in der Sprache gäbe. Dann könnte sie sich gleich an das **Canceln** des Verbes **canceln** machen. Im Englischen darf es ruhig weiterhin *to cancel* geben, wenn unter Englischsprachigen etwas »abgesagt« werden muss, aber Deutschsprachige können nicht nur etwas »absagen« sondern auch »streichen«, »rückgängig machen«, »absetzen«, oder sogar »abblasen«. Es gibt auch keine mildernden Umstände dafür, dass **canceln** ganz ursprünglich aus dem Lateinischen kommt, nämlich von *cancellare* (die sich sonst so mit ihrer Sprachreinheit brüstenden Französinnen und Franzosen benutzen es ebenfalls als, man ahnt es, *canceller*). Das lateinische Original bedeutet »gitterförmig durchstreichen, vergittern«. Also: »Ihr Flug wurde leider vergittert.« Wer macht denn so was? Oder: »Die ▶ *kultige* Serie wurde nach der dritten ▶ *Season* gitterförmig durchgestrichen.« Das kann keiner wollen. Dann lieber absagen, absetzen, streichen.

challengen 🇬🇧 📅 Bitte **challengen** Sie Ihre Mitarbeiter, nicht mehr **challengen** zu sagen, wenn sie »herausfordern« oder »anfechten« meinen, die tatsächlichen deutschen Entsprechungen des englischen Verbs *to challenge*. Wer Deutsch und Englisch derart faul vermengt, der klingt nicht cool und international wie Falco beim ▶ *elaborierten* Sprechgesang, sondern eher wirr wie Nina Hagen, die spät nachts vom ▶ *Trash*-Fernsehen aus dem Bett geklingelt wurde und irgendwas von UFOs faselt, you know.

checken 🇬🇧 💬 ★ Das englische Verb *to check* gefällt den Deutschen so gut, dass sie es als **checken** übernommen und dabei mit mehr Bedeutung aufgeladen haben, als im Original steckt. **Checken** heißt im Deutschen nicht nur »überprüfen«

(wie im Englischen) oder einen sportlichen Gegenspieler mit beherztem Körpereinsatz am Spiel hindern (auch diese Bedeutung gibt es im Englischen), sondern auch »kapieren« oder »verstehen«. Da hat das **Checken** eine Bedeutungsalleinstellung im Deutschen. Tatsächlich wird es meist in dieser Variante verwandt. Sagt man: »Ich **check** das nicht!«, dann ist damit nicht die Weigerung gemeint, etwas zu überprüfen oder anzurempeln, sondern: »Ich kapier's nicht.« Warum man einem englischen Wort, das im Original schon mehrere Bedeutungen hat, im Deutschen noch eine weitere anfantasieren musste, für die es bereits etablierte, gut funktionierende und allgemein bekannte Ausdrücke gibt – das sollte mal jemand **checken**. Sowohl im Sinne von »prüfen« wie auch im Sinne von »verstehen«.

Checker ★ 🇬🇧 Der Duden meint, der **Checker** wäre in der deutschen Sprache an erster Stelle ein *Kontrolleur*. Das wäre zu verkraften, denn in diesem Fall bezöge sich die Definition doch zumindest auf die Bedeutung des englischen Ursprungswortes. Man mag noch nicht mal wegen des Anglizismus maulen, denn der *Kontrolleur* ist ja ebenfalls nicht gerade urdeutsch (sondern ein eingedeutschter Franzose, eigentlich ein *contrôleur*). Leider jedoch fällt der Begriff **Checker** auf offener Straße meistens in seiner saloppen Zweitbedeutung: jemand, der etwas kapiert, der es voll drauf hat. Wenn dieser Jemand besonders viel kapiert, oder das wenigstens von sich behauptet, wird er auch gerne mal als **Ober-Checker** tituliert, vor allem von sich selbst. Wer sich allerdings selbst als **Checker** oder Höheres bezeichnet, der ▶ *checkt* meist am allerwenigsten.

Chiffre ✌ Wer sich zu fein für ▶ *Codes* ist, der spricht in **Chiffren**. Also nicht mehr in Wörtern, geformt aus Buchstaben, sondern in Zahlen, denn selbstverständlich hat die **Chiffre**

denselben Werdegang wie die *Ziffer* und kommt von der altfranzösischen *cifre*. Neben der profanen Ziffer steht sie im deutschen Sprachgebrauch außerdem für eine Geheimzahl. Was gemeint ist, wenn jemand in **Chiffren** ▸ *kommuniziert*, ist also ein Geheimnis. Bestenfalls kann es der Sprecher selbst entziffern. Zum Beispiel, wenn die »taz« über ein Szeneviertel in Leipzig schreibt: »Connewitz. Das ist nicht irgendein Stadtteil ..., sondern auch eine Chiffre.«[3]Aha. In der modernen Lyrik stehen **Chiffren** für Wörter oder Wortgruppen, deren Bedeutungen sich nicht beim ersten Überfliegen erschließen. Da stehen sie gut; Gedichte sind schließlich keine Gebrauchstexte. Ansonsten gilt: Wer nicht gerade moderner Lyriker oder Geheimagent ist, sollte von ▸ *Codes* und **Chiffren** die Finger lassen und lieber verständlich formulieren.

chillen ★ 🇬🇧 Wer **chillt**, der ist so entspannt, dass er sogar zu entspannt ist, um ein so langes und unentspanntes Wort wie *entspannen* zu benutzen, obwohl es genau dasselbe heißt wie **chillen**. **Chillen**, seit 2004 im Duden, kommt natürlich aus dem Englischen, wo *to chill* »abkühlen« heißt. Die Bedeutungsverwandtschaft zum Entspannen und Erholen lässt sich durchaus ausmachen, nur fragt man sich (neben der üblichen Frage, ob ein Anglizismus notwendig ist, wo es bereits mindestens zwei deutsche Wörter mit gleicher Bedeutung gibt): Ist **chillen** auch im Winter entspannend? Wenn nun jemand kommt und sagt: »Alter, was hast du denn gegen **chillen**? **Chill** mal deine Base!«, dann hat der korrekt darauf hingewiesen, dass es im Deutschen noch eine dritte Bedeutung fürs Verb gibt, nämlich »abregen«. Und dafür hatten wir, mit **gechilltem** Kopf betrachtet, vor 2004 ebenfalls schon ein Wort. Nämlich »abregen«. Ein Wort für viele Umstände mag für manche eine willkommene Vereinfachung sein. Andere erleben es als unnötige Verarmung.

Code ✌ Menschen um die 50 sind dem Wort **Code** wahrscheinlich zum ersten Mal während ihrer kurzen Karrieren als Yps-Detektive begegnet, dort vor allem in der Steigerung zum »Geheimcode«, den es mit einem Gimmick der Woche zu entschlüsseln galt. Ursprünglich stammt das Wort allerdings nicht aus »Yps«, sondern aus dem Lateinischen, wo der *Kodex* zunächst für beschriebene Holztafeln stand, später für Loseblattsammlungen, schließlich für Zusammenstellungen von Gesetzestexten. Dieser Ursprungsbegriff ist weiterhin in der deutschen Sprache vorhanden; er meint vor allem ungeschriebene Verhaltensregeln innerhalb klar umrissener gesellschaftlicher Gruppen. Der **Code** hingegen legt seinen Fokus auf die Kommunikation innerhalb solcher Gruppen. Er bezeichnet ein vereinbartes Inventar sprachlicher Zeichen und die Regeln zu ihrer Verknüpfung. Kennt man diese Regeln nicht, hilft auch kein Gimmick weiter. Wer allerdings einmal Yps-Detektiv gewesen ist, der bleibt selbst im Erwachsenenalter fasziniert von **Codes** und sieht sie überall, ob er sie versteht oder nicht. Insbesondere dann, wenn er inzwischen den Stetson an den Nagel gehängt und das Detektivbüro geschlossen hat, um in die kulturberichterstattende Zunft zu wechseln. Wenn ein Künstler schlicht nichts zu sagen hat, man das als Hofberichterstatter aber partout nicht wahrhaben möchte, dann behauptet man einfach, er benutze einen **Code**, gerne auch einen ▶ *elaborierten*. Entschlüsselt wird so ein Code selbstverständlich nie, denn wo nichts ist, da gibt es nichts zu verstehen.

Comedian 🇬🇧 Man möchte meinen, auf deutschen Bühnen hätte nie jemand gestanden und Witze gerissen, bevor der »Quatsch Comedy Club« und ähnliche 90er-Jahre-Fernsehformate dabei Kameras mitliefen ließen und das Ganze englisch benannten. Das Witzige, das war *Comedy*, so lernten wir, und die Witzigen, das waren die **Comedians**. Manche meinen, man brauche den Begriff **Comedian**, um den hippen jungen Possenreißer, der sagt, was da draußen wirklich abgeht, vom steifen Kabarettisten der alten Schule zu unterscheiden, der Helmut Kohl imitierte und Witze über grüne Körnerfresser machte. Dabei hat es eine Unterscheidung zwischen diesem und jenem im Deutschen schon immer gegeben. Das eine war halt Kabarett, das andere Komik. Die, die Komik machten, waren Komiker. Hatten sie Musikinstrumente dabei, so waren sie *Blödelbarden*. Heute empfinden diesen Begriff einige Humorexperten und -expertinnen als despektierlich. Vielleicht sollten sie es mit Humor nehmen. Ob mit oder ohne musikalische Begleitung – diese Unterhaltungskünstler machten jedenfalls schon, bevor die *Comedy* und der **Comedian** in die deutsche Sprache kamen, nichts anderes als das, was ihre Artgenossen im anglofonen Raum machten: auf Bühnen Lustiges erzählen. Sicherlich gab es kulturelle und anderweitige Unterschiede zwischen den Darbietungen von, sagen wir mal, Lenny Bruce und denen von, zum Beispiel, Heinz Erhardt. Dennoch waren der Bürgerschreck und der Bürgersympathisant beruflich ein und dasselbe: Komiker. Genau wie ihre Nachfolger.

committen 🇬🇧 🔢 Wir wollen uns heute **committen**, niemals wieder **committen** zu sagen, wenn wir mehr als anderthalb Sekunden darüber nachdenken, was wir überhaupt sagen wollten. Außerdem wollen wir uns **committen**, immer länger als anderthalb Sekunden darüber nachzudenken, was wir sagen wollen, bevor wir das Maul aufreißen. **Committen**, eine deutsche Aneignung des englischen *to commit* (»verpflichten«, »bekennen«) steht seit 2006 im Duden. **Committen** wir uns doch, nicht Teil des Problems zu sein, sondern gemeinsam dafür zu sorgen, dass es noch zu unseren Lebzeiten wieder aus dem Nachschlagewerk verschwinden darf. Oder zumindest mit dem Verweis »veraltet« versehen wird.

Community 🇬🇧 ★ Liebe Gemeinde, wir haben uns heute hier zusammengefunden, um darauf hinzuweisen, dass **Community** nichts anderes heißt als ... eben *Gemeinde*. Das klänge ▶*krass* uncool, höre ich da von den billigen Plätzen? Nur, wenn man sich das einredet. Es klingt zu religiös? Nur, wenn man es zulässt. Gemeinden sind für alle da. Es gibt religiöse Gemeinden, atheistische Gemeinden, schwul-lesbische Gemeinden, schwäbische Gemeinden, türkische Gemeinden und viele mehr. Sogar im Internet gibt es Gemeinden. **Communitys** braucht es da keine, solange man sich nicht auf Englisch verständlich machen muss.

connecten 🇬🇧 Im Interview mit der »Ostsee-Zeitung« gibt der Musiker Dag-Alexis Kopplin von der Band SDP zu Protokoll: »Als Musikfans haben wir das im Publikum immer gehasst, wenn Bands sich auf die Bühne gestellt und ihre Lieder abgespult haben und man sich gar nicht richtig mit denen **connecten** konnte.«[4] Leider antwortete die das Interview führende Journalistin nicht: »Als Sprachfan habe ich es immer gehasst, und tue es noch, wenn Menschen einfach so an englische Verben deutsche Endungen ranklatschen und dann so tun, als mache sie das zu deutschen Verben.« Das englische Verb *to connect* heißt »verbinden«, »verkabeln«, »vermitteln«, »ankoppeln«, »kontaktieren«, »zusammenfügen« und noch vieles mehr. Das Online-Wörterbuch »Leo« listet 36 Bedeutungen in verschiedenen Konstellationen. Irgendeine wird darunter sein, die man im Deutschen anstatt **connecten** verwenden kann.

Content 🇬🇧 🔞 🖱 Mit der Devise »**Content** is King« (»Der Inhalt ist der König«, ursprünglich aus einem Aufsatz von Bill Gates) versuchen seit der letzten Jahrtausendwende mehrere Berufszweige sich verzweifelt einzureden, dass die »Gratis ist großartig«-Attitüde des Internet-Zeitalters sie nicht überflüssig gemacht hat – im Gegenteil sogar. Sie sagen sich: Selbst wenn da draußen nun Tausende Amateure und Amateurinnen Gratis-Inhalte schaffen – der bezahlte Premium-**Content** von echten Autorinnen, Künstlern, Fotografinnen, Filmemachern wird immer gefragt sein. Wer allerdings Inhalte jedweder Couleur unter einem faulen Anglizismus zusammenfasst, wie es die meisten **Content** vermittelnden Unternehmen tun, der hat sie bereits zur Ramschware deklariert. Und zwischen Ramsch und gratis gibt es kaum menschenwürdige Margen.

Craft 🇬🇧 📺 Der Begriff *Craftbier*, der handwerklich gebraute Biere mit oft ungewöhnlichen Zutaten bezeichnet, ist ein wenig wackelig zusammengesetzt aus dem englischen *craft* (»Handwerk«) und dem guten, alten deutschen *Bier* beziehungsweise nur halb übersetzt vom englischen Original *craft beer*. Damit kann man nicht nur unter sprachästhetischen Gesichtspunkten Schwierigkeiten haben. Der Begriff **Craft** ist nämlich keineswegs ein geschütztes, streng definiertes Gütesiegel, sondern kann von jedem auf jede Plörre geklebt werden, egal ob vom enthusiastischen Badewannenpanscher nebenan oder von der rein profitorientierten Großbrauerei, die gerade zur weiteren Gewinnoptimierung ihre Brauanlagen in ein Arbeitskräftebilligland umgezogen hat. Die Plörre muss noch nicht mal Bier sein. **Craft**-Gin, **Craft**-Tee, **Craft**-Kaffee hat längst den Weg in die Bars und Supermarktregale gefunden. Und bei Aldi wurde bereits **Craft**-Wein gesichtet. Hoffentlich hilft der einem wenigstens, den Schmerz zu vergessen.

cringe ★ 🇬🇧 Anfang des 21. Jahrhunderts wurde eine ganz neue Art der Komödienunterhaltung populär; im englisch-

sprachigen Raum nannte man sie *cringe comedy*. Gemeint waren damit Formate à la »The Office« (deutsch: »Stromberg«), die mit dem grotesken Benehmen peinlicher und unsympathischer Figuren ihr Publikum eher erschaudern (*to cringe*) lassen wollten, als zum Lachen zu bringen. Man könnte sagen: Es handelte sich um Komik, die nicht lustig war. In den letzten Jahren hat sich der Begriff **cringe** auch in die deutsche Jugendsprache eingeschlichen, und man weiß nicht so recht, warum. Sicherlich, das englische Original ist auch im übertragenen Sinne eines; herkömmliche Übersetzungsversuche (neben »erschaudern« gehört »zusammenzucken« dazu) werden seiner kompletten Bedeutung inklusive aller Assoziationen nicht vollständig gerecht. Dennoch gibt es keinen Grund, die Waffen zu strecken: Es ist gar nicht so lange her, dass die deutschsprachige Jugend mit einer pfiffigen Wortneuschöpfung genau das eingefangen hatte, was englischsprachige Menschen meinen, wenn sie von **cringe** sprechen. Diese Wortneuschöpfung hieß *fremdschämen* und steht seit 2009 im Duden. Man muss sie nur benutzen.

crossfunktional 🎰 ❌ Es gibt Sätze, bei denen man gar nicht weiß, an welcher Stelle man zuerst weghören möchte. »Wir haben bemerkt, dass insbesondere **crossfunktionale** Themen wie das Internet der Dinge ganzheitlich im Kerngeschäft adressiert werden müssen«[5], sagt ein Herr Viessmann (»Chief Digital Officer eines Familienunternehmens«) dem österreichischen »Industrie Magazin«. **Crossfunktional** heißt hier wohl, dass dem Internet der Dinge (also der virtuellen Vernetzung physischer Objekte) viele Funktionen innewohnen. Nichts anderes erwarten wir von ihm. Immer wieder hört man auch, dass in Unternehmen bevorzugt Mitarbeiterinnen und Mitarbeiter gesucht werden, die »**crossfunktionale** Kompetenzen« mitbringen. Das soll heißen: Sie müssen alles können und mindestens für zwei arbeiten, werden aber trotzdem nur einfach bezahlt. Letztendlich ist **crossfunktional** nichts weiter als eine schlechte und überflüssige Übersetzung des englischen Schaumschlagworts *cross-functional*. Bei Geräten kann man einfach *funktionsübergreifend* sagen. Und Menschen sollte man ohnehin nicht auf ihre Funktionsweisen reduzieren.

d'accord 📅 🗨 »Da gehe ich mit Ihnen **d'accord**«, sagt so mancher und grinst dabei ganz stolz, weil er sich so gewählt ausgedrückt hat, nämlich französisch. Ursprünglich kommt das Adjektiv vom *Akkord*, also einem Zusammenklang von mehr als zwei Tönen mit verschiedener Tonhöhe, oder auch einer Übereinkunft. Und genau das möchte man auf diese musikalische Art und Weise ausdrücken: dass man mit jemandes Standpunkt übereinstimmt. Richtig harmonisch klänge es aber nur, wenn der Rest des Satzes ebenfalls französisch wäre. Désolé.

Date 🗨 ★ 🇬🇧 Niemand hat mehr Verabredungen oder Rendezvous, alle haben nur noch **Dates**. Woran mag das liegen? Klingt das eine zu verbindlich und das andere zu romantisch? Ein Mindestmaß an Verbindlichkeit und Verbundenheit sollte man schon aufbringen, wenn man mit jemandem ausgeht, und amouröse Absichten muss man auch nicht verschleiern; meistens kann man ja eh keinem etwas vormachen. Der trostlose aktuelle Begriff kommt vom englischen *date*, der auf das lateinische *datum* zurückgeht, was eben genau das auf Deutsch heißt: Datum. Ganz besonders unpersönlich wird es, wenn das Wort auch als Synonym für die Person genutzt wird, mit der man das **Date** hat (die man also – sprachästhetisch völlig unakzeptabel – **datet**): »Fridolin ist mein **Date**« ist nicht weit entfernt von »Fridolin ist mein 10 Uhr 30.« Das klingt eher nach Sprechstunde als nach Schäferstündchen.

Deadline 📱 🇬🇧 Oft ist man geneigt, Begriffe aus anderen Sprachen zu übernehmen, wenn die muttersprachlichen zu hart, zu technisch, zu furchteinflößend klingen. Das ist verständlich. Warum allerdings ausgerechnet die nach furchtbarem Leid klingende **Deadline** im Deutschen den nüchternen, aber harmlosen *Abgabetermin* verdrängt hat, ist einigermaßen verwunderlich. Vielleicht wurde der Begriff, der das Adjektiv *dead* (»tot«) enthält, von Arbeitgebern und Arbeitgeberinnen eingeführt, die ihren Arbeitnehmerinnen und Arbeitnehmern Angst und Bange machen wollten vor den Konsequenzen, sollten sie ihre Abgabetermine nicht einhalten. Kein feiner Zug. Im Englischen bezeichnet der Begriff übrigens dasselbe wie im Deutschen, was ja keine Selbstverständlichkeit ist (siehe ▶ *Wellness* oder ▶ *checken*). Historisch aber ist die englische *deadline* außerdem der sogenannte Todesstreifen in Gefängnisanlagen. Also die Grenze, bei deren Überschreitung vom Wachpersonal scharf geschossen wird.

definitiv 💬 Das Adjektiv **definitiv** wird **definitiv** zu oft und zu falsch verwendet, zum Beispiel in genau diesem Satz. Denn es kommt zwar vom lateinischen *definitivus*, was unter anderem »bestimmt« bedeutet, ist aber im Gegensatz zur volksmündlichen Verwendung kein Synonym für »ganz bestimmt« oder »sicherlich«, sondern für »endgültig« oder »abschließend«. Die Frage, ob Werder Bremen Deutscher Meister wird, ist also mit »Definitiv!« ganz bestimmt falsch beantwortet, denn »endgültig« wird der Titel wohl nicht ausfallen; egal, wie sehr die Jungs sich anstrengen.

delivern 🔲 🇬🇧 »Wir wollen uns *committen* und auch *challengen*, die besten Ergebnisse bis zur *Deadline zeitnah* zu **delivern**.« Von all den Gruselanglizismen in diesem Satz haben nur ▸ *challengen* und **delivern** noch nicht den Weg in den Duden gefunden. Es ist also noch nicht zu spät: Wenn wir sofort damit aufhören, **delivern** zu sagen, wenn wir »ausliefern«, »anliefern«, »abliefern« oder eine der vielen weiteren deutschen Bedeutungen des englischen Verbs *to deliver* meinen, dann können wir das Schlimmste verhindern. Sonst sagt irgendwann selbst der Chefarzt im Kreißsaal: »So, jetzt **delivern** wir mal.« Im Englischen werden Babys nämlich durchaus *delivered*. Im Deutschen ist es noch nicht so weit.

depressiv 🗨 Wer **depressiv** (vom lateinischen *depressus*: »niederdrückend«) ist, der leidet an einer Depression, und das ist eine ernste, behandlungsbedürftige psychische Erkrankung. Sie hat verschiedene Ursachen, ist unterschiedlich stark ausgeprägt, kann permanent oder in Schüben auftreten. Es handelt sich jedoch nicht bei jeder kleinen Gemütsverstimmung um eine Depression. So einfach kommt sie zum Glück meistens nicht: »Wenn ich mir das Wetter so anschaue, werde ich **depressiv**.« Da sollte man es eine Nummer kleiner versuchen, zum Beispiel mit *deprimiert*. Schon aus Rücksicht denen gegenüber, die tatsächlich unter der besagten Krankheit leiden, bei gutem wie bei schlechtem Wetter.

34

diffizil 🖐 Der vornehme Mensch findet **diffizil**, womit sich der gemeine Bürger einfach nur schwertut. Denn **diffizil** heißt »schwierig« oder »kompliziert«. Das Adjektiv kann man zur Beschreibung von Menschen, Situationen, Werken und allem anderen bemühen, das als schwierig oder kompliziert wahrgenommen wird. Schade ist, dass das auch getan wird, denn die Bedeutung des Fremdworts geht über die seiner weniger bildungssprachlichen Pendants nicht hinaus, und seine Verwendung klingt in den meisten Zusammenhängen eher affektiert als effektiv. Die deutschen Synonyme haben außerdem den Vorteil, dass sie nicht vom lateinischen *difficilis* (»nicht leicht zu tun«) abstammen, was irgendwie gar nicht gesund klingt. Möchte man **diffizil** weniger **diffizil** ausdrücken, bietet der Duden wunderschöne Synonyme an: »heikel«, »kitzlig« und »knifflig«. Da fällt die Wahl freilich schwer, doch eines dürfte klar sein: Jede Variante ist hübscher als **diffizil**.

Digger ★ Ist mein Kumpel noch ein ▸*Alter* oder ist er schon ein **Digger**? Mit Letzterem ist nicht etwa ein englischer Grabender (*digger*) gemeint, sondern ein deutscher *Dicker*, und der muss noch nicht mal unbedingt ▸*fett* sein. Im Hanseatischen ist *Dicker* bereits seit Langem eine liebevolle Bezeichnung für männliche Bekannte. 1972 fiel der Begriff im Fernsehfilm »Rocker«; in den 90ern verschluderte ihn die Hip-Hop-Szene zum **Digger**. Beim Spekulieren über das Motiv gerät man leicht in besonders heikle Gefilde. Der in Stuttgart lebende kenianische Autor Dominic Otiang'a ist nicht der Einzige, dem die phonetische Nähe zu einem Wort mit N aufgefallen ist, das in den meisten aller Verwendungsfällen ein indiskutables rassistisches Schimpfwort ist, innerhalb der afroamerikanischen Rap-Gemeinde allerdings auch schon mal als Kosewort fallen kann, solange man auf ▸*Augenhöhe* ▸*kommuniziert*. Bekanntlich wünscht sich der gemeine deutsche Rapper nichts sehnlicher, als ein amerikanischer Rapper zu sein. Es wurmt ihn also ungemein, dass er dieses verführerisch böse Wort niemals in den Mund wird nehmen können – egal wie er es meint, und egal wie böse die Wörter sind, die ihm sonst so über die Lippen kommen. Da denkt er sich irgendwann: Okay, nehme ich eben ein D statt ein N, dann kann mir keiner was.

Ding ★

Einer Sache kann man sich sicher sein, wenn einem jemand mitteilt: »Ich mach einfach mein **Ding**.« Nämlich dass der- oder diejenige selbst nicht so richtig weiß, was er oder sie gerade macht oder machen will. Menschen, die gewohnheitsmäßig behaupten, ihr **Ding** zu machen, machen meist genau dieselben Dinge wie alle anderen auch, die behaupten, ihr **Ding** zu machen. Irgendwas ▶ *Kreatives* eben, aber in erster Linie rumhängen. »Ich mach mein **Ding**« heißt vollständig: »Ich mache ... äh, Dings ... Moment ... es fällt mir bestimmt gleich wieder ein ...«

diskursiv ✌

Das Adjektiv bedeutet »schlussfolgernd« und kommt vom lateinischen *discutere*, was bei den alten Römern noch »zerschlagen«, »zerteilen« oder »zerlegen« hieß, bis die jüngeren Römer der Spätantike sich auf »diskutieren« im Sinne von »Meinungen austauschen« einigten. Gegen dieses Miteinanderreden ist sicherlich nichts einzuwenden. Gleichwohl ist überall, wo über Themen geredet wird, die Gefahr groß, dass die Themen zerredet werden. Das nennt man dann einen »**diskursiven** Ansatz«. Bei dem hat man weniger an Schlussfolgerungen Interesse, sondern möchte sich in erster Linie möglichst lange selbst reden hören.

downloaden 🇬🇧

Anglizismen werden von ihren überzeugten und bewussten Verwenderinnen und Verwendern gerne damit verteidigt, dass sie kürzer als die deutschen Entsprechungen seien und/oder angenehmer klängen. Beim **Downloaden** spart man gegenüber dem *Runterladen* beim Sprechen eine Silbe und beim Schreiben einen Buchstaben. Ist es das wert, die Muttersprache im Stich zu lassen? Haben wir es wirklich derart eilig? Da möchte man vom vollständigeren *Herunterladen* gar nicht erst anfangen. Wer so lange Wörter verwendet, sitzt ja morgen noch da. Und wie steht es um den Wohlklang? Geben wir es zu, **downloaden** und *runterladen* klingen ungefähr gleich doof. Nur ist das eine eine krude Eindeutschung aus dem englischen IT-Slang, der halt die Branche dominiert, und das andere eine propere Übersetzung.

Drahtesel 🗨 Das ähnlich unglückliche *Stahlross* wurde
bereits zur Schlachtbank geführt; wahrscheinlich klang es doch zu martialisch für das, was es ist. Der **Drahtesel** derweil ist einfach nicht totzukriegen. Er läuft und läuft und läuft beziehungsweise rollt und rollt und rollt, vor allem von Zungen. Gut möglich, dass das Synonym **Drahtesel** für »Fahrrad« mal einen gewissen Unterhaltungswert hatte. Leider lebt niemand mehr, der das bestätigen könnte. Inzwischen hat's »so'n Bart«, wie man früher sagte, wenn ein Witz in die Jahre gekommen war. Sagt man heute auch nicht mehr. Daran sollte man sich bezüglich des **Drahtesels** ein Beispiel nehmen.

Drinkability 🇬🇧 Bier zu trinken kann erfreulich sein, über
Bier zu sprechen ist es nicht immer. Seit die Craftbier-Bewegung darauf pocht, Bier habe gefälligst genauso komplex zu schmecken und müsse genauso vollmundig beschrieben werden wie Wein, hat sich ein ganz neues Biervokabular etabliert. Dass das in den USA geschehen ist, wo die Bewegung ihren Anfang genommen hat, ist verständlich. Dass man sich

hier mal wieder nicht die Mühe macht, es in unsere Sprache zu übersetzen, ist bedauerlich. Wo die Deutschen die Erfindung des Bieres doch immer so stolz für sich beanspruchen (das älteste überlieferte Rezept kommt derweil aus China; die erste bekannte Brauerei stand im heutigen Israel). Eine der schrecklichsten neuen Biervokabeln ist **Drinkability**, was sich mit »Trinkbarkeit« übersetzen lässt und tatsächlich beschreibt, ob man das Gebräu mit Genuss runterbekommt oder ob es eher in die Kategorie »interessant, aber danach bitte ein anderes« gehört. Ganz und gar nicht interessant ist jedenfalls dieses unoriginell übernommene Wort, und, ja, wir hätten gerne ein anderes.

Drive 🇬🇧 17️ Der **Drive** (aus dem Englischen: »das Antreiben«) kann auch der deutschen Sprache gute Dienste erweisen. Im Jazz beschreibt er eine »durch die Spannung zwischen Beat und Off-Beat entstehende, vorantreibende Dynamik des Spiels mit scheinbarer Beschleunigung des Rhythmus«. Beim Golf und Tennis bezeichnet er einen weiten Schlag. Sicherlich könnte man sich auch dafür deutsche Entsprechungen ausdenken, aber wir wollen ausnahmsweise mal nicht so sein. Der eine oder andere Anglizismus darf ruhig die Verständigung zwischen internationalen Musikfreundinnen und Sportsfreunden erleichtern. Und wer beim Jazz immer alles eindeutschen möchte, ist bestimmt einer von denen, die »Jatz« statt [dʒæz] sagen. Mit der musikalischen Figur und der sportlichen Leistung sollte der **Drive** sich dann allerdings zufriedengeben. Für den »Antrieb«, den »Schwung«, die »Lebendigkeit«, die »Bestrebung«, die »Neigung« haben wir schon Wörter. Nämlich genau die.

dynamisch 📺 17️ »Der Salafismus wächst so **dynamisch** wie keine andere islamistische Bewegung«[6], jubelt die »Lippi-

sche Landes-Zeitung«. Die »Gmünder Tagespost« weiß: »Der Technologiekonzern Carl Zeiss ist im vierten Jahr in Folge **dynamisch** gewachsen.«[7] Die »Neue Zürcher Zeitung« atmet auf: »Nach einer Phase der Beruhigung verteuert sich Wohneigentum im Kanton Zürich wieder **dynamisch**.«[8] Was haben alle diese Sätze miteinander und mit den meisten Sätzen, in denen **dynamisch** vorkommt, gemein? Sie würden ohne dieses Adjektiv genau dasselbe aussagen. **Dynamisch** (vom griechischen *dynamikós,* »mächtig, wirksam«) beschreibt eine durch Kräfte erzeugte Bewegung oder etwas, das eine Entwicklung aufweist. Im Grunde ist also alles dynamisch, was nicht gerade tot darniederliegt. Sicherlich wird **dynamisch** auch als positives Attribut verwendet: Ein »**dynamischer** Typ« wäre einer, der nicht nur nicht tot ist, sondern darüber hinaus Tatkraft und Unternehmungsgeist zeigt. Für so einen tollen Hecht darf man sich dann aber gerne etwas Flotteres einfallen lassen als das saft- und kraftlose Allerweltsadjektiv **dynamisch**.

effizient 🗓 Das Adjektiv **effizient**, vom lateinischen *efficiens* (»bewirkend«), bezeichnet etwas, das wirksam und wirtschaftlich zugleich ist. Das mag auf menschliches Wirken zutreffen: »Sie arbeitet **effizient**.« Auf den Menschen als

Ganzes angewandt klingt es derweil entmenschlichend: »Sie ist sehr **effizient**.« Das ist eher ein Lob für eine Recyclingmethode oder eine Smartphone-App als für ein beseeltes Lebewesen. Überhaupt ist **effizient** der Höflichkeitsapplaus unter den Komplimenten: Es sagt eher »gutes Preis-Leistungs-Verhältnis« als »gut«.

Ehrenmann (**Ehrenfrau** mitgemeint) ★ Auf die Wahl von **Ehrenmann** und **Ehrenfrau** zum gemeinsamen Jugendwort des Jahres waren 2018 Jury wie Jugend ungemein stolz. Juror Oliver Bach freute sich: »Die Jugendsprache hat dieses Wort wiederentdeckt, und anders als früher ist es nicht mehr auf höhere Gesellschaftsschichten und nicht mehr auf Männer ein[ge]schränkt.«[9] Und Youtuber Fabian Grischkat verkündete: »Jeder Mensch, der eine gute Tat vollbringt, darf sich ab heute mit dem offiziellen Jugendwort schmücken!«[10] In der Tat, das hört sich alles recht erfreulich an. Und wie genau sehen diese guten Taten aus? Laut dem Radiosender »Hamburg Zwei« ist ein amerikanischer Musikfan, der sich nach verlorener Wette einen Milchshake aus einer Schallplatte zubereitete und einen Mitschnitt des Verzehrs auf Youtube veröffentlichte, ein **Ehrenmann**. In einem anderen Youtube-Video namens »Die 5 TOLLSTEN Trash-TV-Stars!«, bei dem es Uneingeweihten schwerfallen dürfte, eine klare Trennlinie zwischen Ausgezeichneten und Laudatoren zu ziehen, lernen wir einen Protagonisten namens »Psycho Andreas« kennen (nicht der Autor dieses Buches). Anscheinend hat er durch mitgefilmtes Brüllen auf seinem Wohnzimmersofa einen gewissen Bekanntheitsgrad in gewissen Kreisen erlangt. Einer der Moderatoren der Videokompilation hauchte nach der Vorstellung von »Psycho Andreas« (Platz 1) ehrfürchtig: »Er ist **Ehrenmann**. Ich find ihn **Ehrenmann**.« Das muss nicht jeder finden.

einstielen 🗓️ Das Verb **einstielen** gab es in der Sprache der deutschen Arbeitswelt bereits, als es kaum andere Arbeit gab als Holzhacken, davon aber genug für alle. Es bedeutete, eine Axt, die nach zu vielem Hacken zu locker saß, mit einem neuen Stiel zu versehen. Wer heute sagt: »Der Deal ist **eingestielt**«, der meint damit meistens nicht, dass er Ausbesserungsarbeiten an einem stiellosen Werkzeug vorgenommen hat, sondern vermeldet stolz, dass er ein Geschäft oder ein Projekt erfolgreich auf den Weg gebracht hat. Assoziationen an die Axt im Walde weckt dieser Jargon allerdings nach wie vor.

elaboriert 🕯️ Ein ▶ *Code* ist nur halb so viel wert, wenn er nicht **elaboriert** ist. Die Soziolinguistik bezeichnet mit diesem Adjektiv offiziell die Sprechweise der Ober- und Mittelschicht, wobei die Mittelschicht in die Definition vermutlich nur aus diplomatischem Feingefühl integriert wurde. Etwas gilt als **elaboriert**, wenn es differenziert oder hoch ausgebildet ist. Wie es sich gehört, kommt das Wort aus dem Lateinischen, nämlich von *elaborare,* »sorgfältig ausarbeiten«. Freilich kann alles Mögliche **elaboriert** sein: eine These, ein Klang (gerne auch ein *Sound*), ein handgefertigtes Möbelstück. Aber heutzutage bekommt man es fast nur noch im Zusammenhang mit dem *Code* um die Ohren gehauen. Das Wort hat es wirklich nicht leicht: Das dazugehörige Substantiv *Elaborat* ist inzwischen umgangssprachlich zum Gegenteil seiner Ursprungsbedeutung verkommen und bezeichnet heutzutage eher ein schludrig zusammengeschustertes schriftliches Machwerk als ein hoch ausgebildetes Meisterwerk. Das Gegenteil eines **elaborierten** Codes ist übrigens ein *restringierter.* Er bezeichnet die Sprechweise der Unterschicht. Der Begriff des restringierten Codes ist allerdings bislang nicht zu einer geflügelten Worthülse geworden.

41

Vielleicht meinen die Nutzer **elaborierter** Codes, die Zielgruppe würde es eh nicht verstehen. Dabei würde sich die Formulierung gar nicht schlecht machen in hitzigen Alltagsauseinandersetzungen an Supermarktkassen oder Service-Hotlines: »Reden Sie gefälligst nicht in diesem restringierten Code mit mir!«

Emo ★ Was ▸*neoliberal* für die politische Debatte ist, ist **Emo** für die popkulturelle: Keiner weiß so genau, was es ist, aber gemeint sind auf jeden Fall immer nur die anderen. Wie bei den Poppern der 80er-Jahre ist die Anzahl derer, die sich heute frank und frei selbst als **Emo** bezeichnen würden, äußerst gering. Der Begriff kommt vom musikalischen Subgenre *Emocore*, bei dem es zu hartem Sound eher um innere Befindlichkeiten geht als um Anarchie oder eisgekühlten Bommerlunder. Es sind derweil längst nicht alle **Emos** Anhänger dieser Musikrichtung. Oder sehen aus wie andere **Emos.** Sie identifizieren sich allenfalls über den kleinsten gemeinsamen Nenner: die Emotionen, zu denen sie sich gern mit Miene und Körperhaltung bekennen und von denen der Begriff abstammt. Demonstriert einer öffentlich zu viel davon, wird er von Typen mit kernigerem Selbstverständnis als »Emo!« beschimpft. Doch taugt dieses Wort, das schon mal nicht zur Definition einer homogenen Jugendbewegung taugt, als Schimpfwort? Nein, denn wir sollten dazu stehen: Manchmal sind wir alle **Emos!** Und um einer Verwechslungsgefahr vorzubeugen: Damit ist keineswegs gemeint, dass wir flugunfähige Laufvögel aus Australien wären.

Endeffekt 🗨️ 📺 Der **Endeffekt** bezeichnet ein Endergebnis. Das Problem ist, dass er viel zu oft und meistens ohne Notwendigkeit oder tieferen Sinn beschworen wird, um dem Gesagten Nachdruck und Bedeutung zu verleihen: »Im Endeffekt sind wir alle Menschen.« »Im **Endeffekt**« ist zu einer der (leider zu vielen) Lieblingsformeln aller geworden, die vom eigenen Reden nie genug bekommen können, weshalb sie ihre Sätze mit bedeutungsleeren Worthülsen künstlich verlängern. »Im **Endeffekt** bleibt sich das gleich« heißt zum Beispiel nichts anderes als: »Das bleibt sich gleich.« Kann man also im **Endeffekt** so stehen lassen.

Entscheider 🗓 Lange Zeit war in Unternehmen der *Macher* der, an dem man sich orientierte. Der, der bestimmte, wo es langging. Dann hat man herausgefunden, dass es etwas noch Besseres als machen gibt: entscheiden. Jetzt entscheidet der **Entscheider**, und die anderen müssen machen. Damit einher gehen ein deutlicher Prestigeverlust des Tatendrangs und eine unangenehme Verherrlichung von autoritärer Schreibtisch-täterschaft.

episch ★ 🗨 📺 Vom griechischen *epikós* stammend, beschreibt **episch** etwas, das die *Epik* betrifft, also die Erzähl-kunst im weiteren Sinne, oder das *Epos*, eine erzählende Vers-dichtung von größerem Umfang. Die umgangssprachliche Verwendung des Adjektivs für etwas, was allzu ausführlich ausfällt, sei hier nicht gerügt. Wohl aber der Missbrauch die-ses hehren Wortes als bloße Steigerungshilfe anderer, nicht selten profanerer Adjektive: »Das Ganze wird in **episch** schö-ner Verpackung geliefert«[11], freut sich etwa die »Welt« über eine Autokarosserie. Auch in der Jugendsprache ist **episch** angekommen, hier als Kompliment in der Art von ▶ *legendär* oder ▶ *mega*. Wenn das der Homer hört.

ergebnisoffen 🗓 📺 »Die Bundesliga ist **ergebnisoffen** und damit attraktiv«[12], klärt die »Rheinische Post« auf. Gemeint ist, dass niemand vorher weiß, wer wie viele Tore schießen wird. Das ist sicherlich richtig. Ob es der Erklärung oder auch nur der Betonung bedarf, ist eine andere Frage. Dennoch: Hier haben wir Ergebnisoffenheit im klassischen, unverfälschten Sinne – keiner kennt das Ergebnis vorher. Wenn allerdings heute in Unternehmen und in der Politik gesagt wird: »Wir gehen **ergebnisoffen** in die Verhandlungen«, dann ist gemeint: »Wir kennen das Ergebnis sehr wohl und werden so lange auf Sie einquatschen, bis Sie glauben, dass Sie dieses Ergebnis genauso wollen wie wir.« Oder: »Uns sind diese Verhandlungen eigentlich völlig egal.« Dieses rhetorische **ergebnisoffen** ist eine reine Verschleierungs- und Hinhaltetaktik.

Event ▨ 📺 Das **Event** wird im Duden als ein »besonderes

Ereignis« definiert. Wahrscheinlich war man zu höflich, um einfach nur »Ereignis« zu schreiben, obwohl genau das die deutsche Übersetzung des englischen Wortes ist, das vom lateinischen *eventus* (»ereignen«) über das altfranzösische *event* in den modernen Sprachgebrauch gekommen ist. Man erwartet nun täglich, dass ein Veranstalter seine Veranstaltung als ein »Event-Ereignis« ankündigt, analog zum »Filmfilm«, mit dem Sat.1 einmal (hoffentlich) ironisch für seine kinematografische Qualitätsoffensive geworben hatte (»Indiana Jones« statt »Schulmädchenreport«). Noch ist es nicht geschehen, doch das macht das baldige Eintreten dieses **Events** statistisch nur wahrscheinlicher.

ever ▨ ★ Auf der Suche nach immer hervorragenderen

Superlativen hat sich das englische Adjektiv **ever** (»immer«, »jemals«, »aller Zeiten«) im Plapperdeutsch als Anhängsel zur emotionalen Verstärkung des Geplapperten derart verbreitet, dass es mittlerweile sogar im Duden steht. Es besteht aber deshalb keineswegs die Pflicht, es zu verwenden. »Dieter Bohlen ist wohl der bekannteste deutsche Promi **ever**!«[13], jubiliert der Radiosender »Hamburg Zwei« auf seiner Website, und es darf nun jeder selbst entscheiden, ob das nach professionellem, bezahltem Journalismus klingt oder eher nach Sprachquark aus den Kommentaren. Im Zweifelsfall sollte man sich immer fragen: Was hätte Reich-Ranicki gesagt? Bestimmt nicht: »Das war der ▸*geilste* Schmöker **ever**, ▸*Digger*!«

Extrameile 🗓️ 🇬🇧 Wer im Beruf die **Extrameile** geht, der hat nicht etwa auf dem Weg zur Arbeit die Abkürzung noch nicht gefunden, sondern legt sich besonders ins Zeug. Warum nennt man das so? Weil man es im amerikanischen Englisch so nennt: *to go the extra mile*. Warum hat man im meilenlosen deutschsprachigen Raum den Ausdruck nicht an das metrische System angepasst? Weil man, wie üblich, gedanklich nicht einmal bereit war, diese Extra-Minimeile zu gehen.

Facility-Manager 🇬🇧 🗓️ Der **Facility-Manager**, einst als *Hausmeister* bekannt, stehe hier nicht nur um seiner selbst willen, sondern auch stellvertretend für all die anderen ehrbaren Berufe, denen dieser Tage mit Englisch plus *Manager* ein vermeintlich flotterer Anstrich verliehen werden soll, den sie gar nicht nötig haben. Oder ist für Sie etwa ein Meister etwas Geringeres als ein Manager? Meister fallen nicht vom Himmel. Manager hingegen gibt es wie Sand am Meer.

Fake 🇬🇧 Lesen Sie noch Falschmeldungen und Zeitungsenten oder sind Sie schon bei **Fake** News angekommen? Ein **Fake** ist nichts anderes als eine »Fälschung«, klingt nur internationaler. Dabei würde etwas, das **gefaket** ist, »gefälscht« nicht echter sein. Ähnlich wie beim Verb ▶ *voten* gibt es beim Wortkomplex um das englische *fake* keinen Grund, warum nicht die deutschen Entsprechungen rund ums Fälschen verwendet werden sollten. Sonst sagen wir irgendwann noch »Fake Vote«, wenn wir »Wahlbetrug« meinen.

Feedback 🇬🇧 🎬 Der englische Begriff *feedback* steht für mindestens zwei sehr unterschiedliche Dinge: für eine »Rückmeldung« und für eine »Rückkopplung«, also das Geräusch, das entsteht, wenn der Roadie beim Soundcheck mit dem Mikrofon zu nah an den Verstärker kommt. Genau dieses Geräusch erklingt in vielen sprachlich sensiblen Köpfen, wenn in deutschen Büros ständig nach **Feedback** im Sinne von »Rückmeldungen« verlangt wird.

Feeling 🇬🇧 💬 📺 Oft hört man, wie wichtig es in dieser kalten und hektischen Welt sei, seine Gefühle zu zeigen. Deshalb wird für alles Mögliche erfolgreich mit **Feelings** geworben, was übersetzt nichts anderes heißt, als dass die Sache leider nicht echt ist, aber sich mit ein wenig gutem Willen so anfühlt: »Ein bisschen Nordamerika-Feeling«[14] bietet etwa der Indian Summer im sächsischen Tharandt. Daran ist so weit nichts auszusetzen: Auch die Tipps für »das echte

Spieltagsfeeling«[15], das sich Fußballfans in Coronazeiten ins Wohnzimmer holen können, wenn sie Geisterspielen im Fernsehen zuschauen, sind gut gemeint. Ein bisschen ▸ *Fake* kann kostensparend und gesundheitsförderlich sein. Aber manchmal wird es mit der Gefühlsduselei doch übertrieben: »Dieses **Feeling** [...] ist einfach ein tolles Gefühl«[16], befand Radsportlerin Wiebke Rodieck in der »Neuen Presse« angesichts der Teilnahme an einer Europameisterschaft und hatte damit sicherlich recht.

feiern 🗨 ★ Eigentlich sollte man froh sein, dass mit dem Verb **feiern** ausnahmsweise mal ein klassisches deutsches Wort (vom althochdeutschen *firōn*) den Einzug in die Jugendsprache gefunden hat. Jedoch, ach, wie schon beim ▸ *Ehrenmann* hält sich die Freude in sehr engen Grenzen. Feste soll man natürlich **feiern**, wie sie fallen. Aber muss man diese ausgelassene Vokabel für jeden Umstand bemühen, der einem in der Tendenz gut gefällt, wie es durch die Floskel »Ich **feier** das!« geschieht? Ursprünglich kommt der Ausdruck aus der Rapmusik (Textbeispiel von Wortakrobat Xavas: »Du bist bekloppt im Kopf, und ich **feier** das!«); inzwischen hört man ihn auch ohne musikalische Begleitung auf jedem Schulhof. Mit dem jugendsprachlichen **feiern** ist übrigens nicht ein fröhliches Beisammensein oder festliches Begehen eines bestimmten Anlasses gemeint. Dazu sagt man weiterhin »Party machen«.

fett ★ Wenn »L'essentiel« aus Luxemburg im besten erhältlichen Journalistendeutsch schreibt: »Logisch, dass auch dieses Jahr einige Athletinnen und Athleten **fett** feiern werden wollen«[17], dann ist beim **fett** schon auf die Groß- und Kleinschreibung zu achten, um nicht den Eindruck zu vermitteln, die Athletinnen und Athleten würden etwas feiern, dem sie von Berufs wegen eigentlich kritisch gegenüberstehen sollten. Doch auch ohne diese Verwechslungsgefahr ist es wenig ratsam, ein so ranziges Adjektiv wie **fett** als Synonym für »hervorragend«, »sehr gut«, »schön« zu verwenden. Denn schön ist das nicht.

Flieger 💬 »Du, ich muss gleich auflegen, ich sitze schon im **Flieger**!« Warum das Flugzeug ein **Flieger** sein sollte, obwohl das Auto kein Fahrer und das Schiff kein Schwimmer ist, leuchtet nicht ein. Wer den Airbus und seine Artgenossen als **Flieger** vermenschlicht, möchte damit wohl betonen, wie selbstverständlich das Flugzeugfliegen Teil seines hektischen, aufregenden, ▶*verrückten* Lebens ist. Er entlarvt mit dem Sonderbegriff jedoch genau das Gegenteil.

Food-Hack 🇬🇧 ★ Omas Haushaltstipps heißen jetzt **Food-Hacks**. Oma dreht im Hühnerstall am Rad.

frech 💬 📺 Wird etwas als »herrlich **frech**« gepriesen, kann man davon ausgehen, dass es sich um das genaue Gegenteil handelt, nämlich »hoffnungslos bieder«. Siehe auch ▶*verrückt*. Wer wirklich **frech** werden möchte: Lieber öfter mal die Zunge rausstrecken, als es mit einer »herrlich **frechen** Frisur« zu versuchen.

freistellen 📅 Wenn man jemandem etwas freistellt, dann überlässt man ihm oder ihr die Wahl. Nur in der Arbeitswelt nicht. Wer da **freigestellt** wird, hat ausdrücklich keine Wahl, sondern wird auf Raten gefeuert.

funzen 💬 Kann man ein Lächeln auf grimmige Gesichter zaubern, indem man das Wort **funzen** anstatt »funktionieren« verwendet? Nein, das hat noch nie **gefunzt**.

Gänsehaut-Garantie 📺 Der »Focus« hat sie gefunden: »Die zehn faszinierendsten Safaris mit **Gänsehaut-Garantie**«[18]. Der Gesangsröhrenreporter des »Mindener Tageblatt« überprüft seinen Unterarm und notiert über die Gewinnerin eines Wettsingens: »Die 21-Jährige verfügt über eine beeindruckende Soul- und Rock-Röhre mit **Gänsehaut-Garantie**.«[19] Für das ZDF ist die Karriere der eiskunstlaufenden Aljona Savchenko und Bruno Massot eine »Geschichte mit **Gänsehaut-Garantie**«[20], was angesichts der im Milieu üblichen Temperaturen verständlich sein dürfte. Trotzdem: Was heutzutage nicht alles garantiert wird. Sogar das Hervortreten der Haarbälge der Haut und das Aufrichten der daraus wachsenden Haare. Ursprünglich galt das als Zeichen für die Empfindung von Angst und Schrecken; besonders Krimis und Gruselfilme warben damit. Heute schaudert man offenbar schon wohlig, wenn ein hoffnungsvolles Nachwuchstalent zum 178 329. Mal Whitney Houstons »I Will Always Love You« schmettert oder Leonard Cohens »Hallelujah« fehlinterpretiert. Auf so viel **Gänsehaut-Garantie** gibt es bald Würgereflex-Gewähr.

ganzheitlich ✌ 📺 Unter dem zauberhaften Titel »Die ersten Botox-Behandlungen hatten etwas Magisches« mahnt ein Schönheitschirurg in der »Welt«: »Das Gesicht muss man immer **ganzheitlich** sehen.«[21] In »Der Westen« verrät eine professionelle Diätgegnerin: »Beim Essen muss man sich **ganzheitlich** gut fühlen.«[22] Meint das Adjektiv **ganzheitlich** in der Medizin einen fachbereichsübergreifenden Ansatz oder in der Pädagogik ein Lernen mit allen Sinnen, so ist es im volksmündlichen Blabla-Vokabular zu einem Quatschwort verkommen, mit dem sich die Selbstverständlichkeit, dass viele Teile ein Ganzes ergeben, besonders verquast ausdrücken lässt.

geil ★ Das Adjektiv **geil** hat eine lange, bedeutungsreiche Karriere hinter sich und hoffentlich auch vor sich. Momentan allerdings stagniert sie auf dem Stand von 1986. Damals behauptete das britische, in Deutschland beheimatete Pop-Duo Bruce & Bongo in seiner einzigen richtigen Hitsingle (Nr. 1 in Westdeutschland und Österreich, Platz 7 in der Schweiz), **geil** sei das »erfolgreichste Wort Deutschlands«, und weite Teile der Welt glaubten es. Sogar die Deutschen, dabei war das jugendsprachliche **geil** damals längst schon wieder auf dem absteigenden Ast, nachdem es bereits in den 70ern in Heavy Rotation gelaufen war. Bruce & Bongo reaktivierten nicht nur seine Popularität, sondern befreiten es auch von seiner Anrüchigkeit. War es lange assoziiert mit starkem sexuellem Verlangen (eine Bedeutung, die es seit dem 15. Jahrhundert innehatte), so war es nun nur mehr eine neue Variante von »prima«. Inzwischen hört man **geil** überall: im Kindergarten, an der Uni, im Texterseminar, im Seniorenstift. Im Kindergarten ist es noch süß, doch man sollte es sich bis zur Volljährigkeit so rigoros abgewöhnen wie den Schnuller. Ursprünglich kommt der Begriff aus dem Althochdeutschen und hieß »gärend« oder »aufschäumend«, wurde aber schon früh synonym für »üppig« oder »kräftig« verwendet. Trotz des Bedeutungswandels im 15. Jahrhundert hieß es noch in einigen deutschen Übersetzungen von Edgar Allan Poe (1809–1849), das berühmte Haus Usher sei umwuchert von **geiler** Vegetation. Bei Bruce & Bongo (ca. 1986 bis unbekannt) heißt es derweil: »Everybody's **geil**, g-g-g-g-**geil**.«

Gerstenkaltschale 🗪 Hier ist die Regel ganz einfach:
Bier zu trinken kann lustig sein. Bier als **Gerstenkaltschale** zu bezeichnen ist jedoch nie lustig. Nicht beim ersten Mal, und nicht beim 4756. Mal. *Gerstensaft* ist ausdrücklich mitgemeint.

Geschenk 🖵 »Sein schönstes **Geschenk** machte erst einmal
richtig Lärm«[23], schrieb die »Freie Presse« zum 70. Geburtstag des Chemnitzer Kabarettisten Andreas Zweigler. Zweigler hatte allerdings keine Stereoanlage oder ein Rennauto bekommen, sondern ein Enkelchen. Liebe Kinderverherrlicher und Kinderverklärerinnen: Eure Liebe zu den Wonneproppen in allen Ehren, Kinder jedoch sind keine **Geschenke**. Kinder sind Menschen und gehören als solche keinen anderen Menschen. Ebenso wenig ist – entgegen dem Dogma der gemeinen Floskelphilosophie – »das Leben« ein **Geschenk**. Wer nach schweren Schicksalsschlägen wieder daran teilnimmt, hat es sich hart erarbeitet oder verdankt es der harten Arbeit anderer, aber lapidar »geschenkt« wurde da nichts. Echte **Geschenke** sind, zum Beispiel: Socken, Juwelen, Event-Gutscheine.

gesundschrumpfen 📅 Wenn Firmen sich **gesund-**
schrumpfen, also Angestellte entlassen, bis wieder genug Geld für die Chefgehälter übrigbleibt, dann hat das für die betroffenen Angestellten nichts mit Gesundheit zu tun. Nur mit Schrumpfen.

Gewinnwarnung 📅 🖵 Ein »Euphemismus« ist laut
Duden-Definition eine »beschönigende, verhüllende, mildernde Umschreibung für ein anstößiges oder unangenehmes

Wort«. Dürfte man nur einen einzigen Begriff wählen, um das beispielshaft zu illustrieren, gäbe es kaum einen passenderen als **Gewinnwarnung**. Denn wenn ein börsennotiertes Unternehmen eine ebensolche ausgibt, dann warnt es nicht etwa vor Gewinnen: »Achtung, Achtung! Bitte erschrecken Sie nicht, wenn Sie morgen ein bisschen mehr Geld auf dem Konto haben!« Stattdessen warnt es vor geringer als erwarteten Gewinnen, oder gar vor Verlusten. Aber »Verlustwarnung« klänge wohl zu negativ und zu ehrlich.

Gourmand ✌ Wenn schon die Mikrowellenmahlzeit aus

dem Tankstellenshop als »Gourmet-Kollektion« ausgewiesen wird, dann braucht der echte Feinschmecker ein größeres Wort für sich und seinesgleichen. Jedoch bitte nicht **Gourmand**. Das ist zwar auch Französisch, steht aber nicht für den Feinschmecker, sondern eher für den Vielschmecker, um nicht zu sagen den Vielfraß. Der *gormet* (altfranzösisch) war übrigens früher der Gehilfe eines Weinhändlers. Was der *gourmand* früher war, ist sprachlich ungeklärt.

Guten 🗨 Die Benimmspezialisten und Benimm-

spezialistinnen streiten sich, ob es überhaupt schicklich ist, vor der Mahlzeit »Guten Appetit!« zu sagen, oder ob es nicht viel vornehmer wäre, nach einem dezenten Nicken einfach wortlos loszuspachteln. Vielleicht kann man sich zumindest darauf einigen, dass die Guten-Appetit-Verknappung zu »Guten!« gar nicht gut ist. Wer so flapsig tafelt, der spricht auch mit vollem Mund.

Gutmensch 🏛 📺 Weil der rechte Rand so selten eigene

Ideen hat, hat er einfach dem erklärten Feind ein Schmähwort gestohlen und gibt es nicht mehr her. Der **Gutmensch** tauchte in den frühen 90ern zum ersten Mal in Texten eher linker Autoren auf, geißelte aber bereits dieselben Leute wie heute: jene, die es mit der politischen Korrektheit ein bisschen zu eng sehen oder ihr (oft vorgebliches) humanitäres Engagement ein bisschen zu penetrant zur Schau stellen. Sich über diesen Menschenschlag lustig zu machen war damals erfrischend; man hatte ja sonst keine Feinde. Aber kaum etwas bleibt drei Jahrzehnte lang frisch, und so steckt in dem Begriff inzwischen der Mief von vielen Jahren der Abnutzung. Wenn jedoch jeder Mensch, der lieber hilft als hindert, als **Gutmensch** verschrien wird, dann ist es an der Zeit, sich den Begriff stolz ans Revers zu heften. Als Abgrenzung zu den Schlechtmenschen, die ihn so verschandelt haben.

händeln 🗓17 Wenn Händler Hendl **händeln**, dann befindet man sich wahrscheinlich in einem österreichischen oder süddeutschen Imbiss des 21. Jahrhunderts. Das englische Verb *to handle*, von dem das quasideutsche **händeln** ohne Not übernommen wurde, kann einiges bedeuten. Zum Beispiel »abhandeln« oder »hantieren«. Ebenso mag »umgehen mit etwas« oder »handhaben« gemeint sein. Und zwar nicht nur im handgreiflichen Sinne, sondern auch im geistigen oder psychologischen. So wie es Jack Nicholson verwendet in jenem klassischen Filmzitat, das inzwischen (auch dank

▸ *Meme*) berühmter ist als der Film »Eine Frage der Ehre«, aus dem es stammt: »You can't handle the truth!« Glücklicherweise wurde der Film nicht vorgestern synchronisiert, sondern schon vor fast 30 Jahren, weshalb Nicholson Tom Cruise auf Deutsch anschnauzt: »Sie können die Wahrheit doch gar nicht ertragen!« Nicht etwa: »▸ *Alter*, du kannst die Wahrheit doch gar nicht **händeln**!« Was Jack Nicholson recht ist, sollte uns billig sein.

hassen 💬 »Ich **hasse** Pommes mit Mayo!« »Ich **hasse**, was diese ▸ *Gutmenschen* aus ›3 Engel für Charlie‹ gemacht haben!« »Ich **hasse** ▸ *Spoiler*!« Es ist so viel Hass in der Welt. Wenn Lebensmittelkombinationen, harmlosen Produkten der Zerstreuungsindustrie oder gut gemeinten Inhaltsangaben bereits mit dieser höchsten aller Negativemotionen begegnet wird, welche Gefühlsregung sparen wir uns dann für Kriegsverbrechen, Naturkatastrophen und schwere Krankheiten auf? Wenn wir den Typen **hassen**, der das Großraumbüro immer mit seinem Fischfilet aus der Mikrowelle vollstinkt, welche Vokabel sparen wir uns dann für den Diktator mit seinen 36 Folterkammern auf? Bei vorübergehenden Alltagsirritationen sollte es eine Nummer kleiner gehen. Ein Vorschlag wäre »Verachtung«. »Ich verachte Pommes mit Mayo!« klingt allerdings ein wenig nach adliger Tafelkonversation aus dem 19. Jahrhundert. Vielleicht kann man manchmal auch etwas bloß »nicht sonderlich mögen«.

Hausnummer 📅 Möchte man sich in der Verhandlung ▸ *ergebnisoffen* zeigen, sagt man gerne: »Ich sag mal fünf Millionen, nur so als **Hausnummer**.« Aber warum sollte eine **Hausnummer** ein Richtwert sein? **Hausnummern** sind so ziemlich die spezifischsten Werte, die man als Zahlen bekommen kann. Wohnt man in Haus Nummer 5, bettet aber sein Haupt unaufgefordert im Schlafzimmer von Haus Nummer 3 zum Schlafe, so kann man beim energischen Wecken durch die rechtmäßige Hausherrin oder die Polizei kaum murmeln: »Nummer 3, Nummer 5... was soll's? Das war doch nur 'ne **Hausnummer**!« **Hausnummern** stehen nicht zur Diskussion. Richtwerte und Verhandlungsbasen schon. Die kann man dann auch so nennen.

Hipster ★ 🇬🇧 Als im 21. Jahrhundert plötzlich wieder

überall von **Hipster**-Sichtungen berichtet wurde, war die Konfusion groß bei den älteren Generationen: Sollten sie wirklich zurück sein, die amerikanischen Jazzmusiker und Beat-Literaten der 1950er, die diesen Begriff erfanden, prägten und für sich beanspruchten? Der Bestandteil *hip* kommt von *hep*, ein Adjektiv, das in den Anfangstagen des Jazz den Lebensstil bzw. die Geisteshaltung derer beschrieb, die sich ganz dieser Musik verschrieben hatten. Daraus wurde der *Hepster*, der erstmals im »Hepster's Dictionary« des Jazzmusikers Cab Calloway auftauchte. Das Heft brachte Nicht-Hepstern den Harlem-Slang nahe und war das erste linguistische Nachschlagewerk eines afroamerikanischen Autors. Das Adjektiv *hip* definierte er als »wise, sophisticated, anyone with boots on«. Also in etwa: weise; kultiviert; jemand, der die Hosen anhat. Oder waren buchstäblich Stiefel gemeint? Es ist schwer zu sagen, wenn man kein *hep cat* ist (»ein Typ, der auf alles eine Antwort hat«). Die **Hipster** von heute haben mit den *Hepstern*, *Hipstern* und *Hep Cats* von damals leider nichts mehr gemein. Es liegt ihnen nicht daran, sich vom Massengeschmack abzugrenzen. Im Gegenteil, sie möchten immer alles so machen, wie alle anderen es auch tun: denselben Kaffee, dasselbe Craftbier trinken, dieselbe Gesichtsbehaarung und Kopffrisur tragen. Ein Begriff, der vor nicht einmal 100 Jahren für erfrischende Nonkonformität stand, steht inzwischen für eine traurig machende Herdenmentalität. Oder für eine knappe Unterhose.

Denn das Wort **Hipster** bezeichnet laut Duden ebenfalls einen »Slip, dessen oberer Abschluss nur bis zur Hüfte reicht«. Ob **Hipster** Hipster tragen? Da müssen sie wohl erst mal die anderen Hipster fragen, ob das in Ordnung geht.

holistisch ✌️ Wer – völlig zu Recht – findet, dass ▶ *ganzheit-lich* ein ganz fürchterliches, bedeutungsverarmtes Labber- und Laberwort geworden ist, der behilft sich einfach mit **holistisch**. Heißt dasselbe, klingt aber besser, weil altgriechisch (von *holós*, »ganz«). Dem »Manager Magazin« gab 2017 ein Hotelier zu Protokoll: »Die Zukunft ist **holistisch**.« Wer wollte ihm da widersprechen, wo er es doch so schön gesagt hat? Zumal bestimmt 90 Prozent der Bevölkerung (Zahl unseriös geschätzt) das Wort erst mal nachschlagen müssen, wenn man es ihnen um die Ohren haut (so sie überhaupt Interesse daran haben und sich nicht allein mit dem fremdsprachlichen Funkeln des Ausdrucks zufriedengeben, was nicht wenige wohl durchaus tun). Bis die Seite im Wörterbuch aufgeschlagen und der Groschen gefallen ist, ist der verantwortliche Klugredner längst über alle Berge, getragen von der heißen Luft seiner Rede. Und zwar **holistisch**. Und ▶ *ganzheitlich*.

Hoodie 🇬🇧 ★ Ein Kapuzenpulli ist das, was Mama einem früher über die Ohren gezogen hat, wenn es kälter wurde. Ein **Hoodie** hingegen ist das, was der ▶ *Hipster* sich selbst für viel Geld im Streetwear-Store kauft. Es ist natürlich ein und dasselbe. Der ältere Begriff mit seinen Kindheitsassoziationen entlarvt lediglich, warum es den **Hoodie** (vom englischen *hood*, »Kapuze«) sprachlich wie modisch zu meiden gilt: Wenn man zu alt ist, dass Mama einem die Fausthandschuhe an den Pulli nähen muss, dann sollte man sich auch von keinem Straßenklamottenproduzenten mehr die Mütze drannähen lassen.

Humankapital 🗓️ 🍺 🇬🇧 Bereits 2004 war **Humankapital** völlig zu Recht Unwort des Jahres, genützt hat es aber nichts. Gegen dieses Unwort scheint kein Kraut gewachsen. Der Begriff wurde ohne einen Funken Kreativität buchstabengetreu übersetzt vom kaum besseren englischen *human capital* und bezeichnet laut Duden die »Gesamtheit der wirtschaftlich verwertbaren Fähigkeiten, Kenntnisse und Verhaltensweisen von Personen oder Personengruppen«. Wenn's immer so neutral gemeint wäre, wäre es halb so schlimm. Im tatsächlichen Sprachgebrauch jedoch sind eher die Personen selbst gemeint, gleichwohl ihrer Persönlichkeiten beraubt, dafür reduziert auf ihren Nutzwert im Wirtschaftsbienenstock. Wer **Humankapital** sagt, meint eigentlich »Menschenmaterial«. Mit Humanität, also einer laut Duden »vom Geist der Humanitas durchdrungenen Haltung«, vulgo: Menschlichkeit (vom lateinischen *humanitas*), hat das selbstredend nicht das Geringste zu tun.

hungrig 🗓️ War man früher – in vielleicht einfacheren Zeiten – **hungrig**, dann verlangte der knurrende Magen nach fester Nahrung. Das Adjektiv, entstanden aus dem mittelhochdeutschen *hungerec* und dem althochdeutschen *hung(a)rag*, wird allerdings immer wieder aufs Neue von gewissen Gruppen für ihre Zwecke missbraucht. Laut der Schlagerfraktion und anderen dem Melodram zuneigenden Sprachakrobaten kann man nicht nur **hungrig** nach T-Bone-Steaks oder Mäusespeck sein, sondern auch nach Liebe, nach Leben, nach di-hi-hir. In der Arbeitswelt derweil reicht es laut Stellenausschreibungen oft völlig, einfach nur **hungrig** zu sein. Damit sollte aber bitte schön nicht gemeint sein, dass die neue Kollegin, die sich selbst im Vorstellungsgespräch so vorbildlich als **hungrig** bezeichnet hatte, ganztags mit geblähten Nüstern in der Kantine sitzt. Sie hat gefälligst **hungrig** nach Arbeit, Überstunden und ▶ *Action-Items* zu sein.

hustlen ★ 🇬🇧 Ein *Hustler* ist nicht nur ein amerikanisches Herrenmagazin der besonders kruden Art, das sich gerne als die letzte heroische Verteidigungslinie der weltweiten Meinungsfreiheit missversteht, sondern im amerikanischen Straßenslang auch ein gewohnheitsmäßiger Trickbetrüger, Drogenhändler, Zuhälter oder anderweitiger Gauner. Das Verb *to hustle*, von dem der deutsche Rap-Nachwuchs das **hustlen** übernommen hat, steht somit unter anderem dafür, anderen systematisch Geld zu entwenden oder sich selbst bzw. andere zu prostituieren. Wenn die deutsche Jugend hingegen sagt: »Ich muss voll **hustlen**, ▶ *Digger*!«, dann meint sie lediglich, sie müsse noch vor der großen Pause schnell Bio abschreiben. Denn das deutsche **hustlen** steht nicht für den unbarmherzigen Überlebenskampf in den Mean Streets der Stadt, sondern für das Erledigen etwas nerviger Alltagsaufgaben.

Influencer ★ 🇬🇧 📺 Der **Influencer** ist nun leider schon so lange unter uns, dass selbst die ersten Witze über ihn bereits alt geworden sind: Ja, lieber *Influenza* als **Influencer**, haha, geschenkt. Doch halt! Tatsächlich klingen beide Wörter nicht nur zufällig ähnlich, sondern sie haben denselben Ursprung. Das englische Hauptwort *influence* beschrieb zunächst einen himmlischen Nektar, der, so er von den Sternen in die Mäuler der Erdenmenschen tropfte, deren Walten und Schalten lenkte (klingt zugegebenermaßen nach ganz weltlichem Schnaps). Der Trank »beeinflusste« also seine Trinker und Trinkerinnen, um es mit der deutschen Übersetzung des englischen Verbs *to influence* zu sagen. Die *Influenza*, also die gemeine Grippe, leitet sich vom selben Stamm ab, nämlich dem lateinischen *influentia*. Man meinte zur Zeit der alten Römer, Epidemien kämen von den Sternen herab über die Menschen. Inzwischen sind die **Influencer** über die Menschheit gekommen, wenngleich ganz sicher nicht vom Himmel. Der Begriff beschreibt Personen, die in sozialen Netzwerken besonders bekannt beziehungsweise einflussreich sind und bestimmte Werbebotschaften, Auffassungen oder Ähnliches vermitteln. Mit anderen Worten: Es handelt sich um vorwiegend junge Leute mit geringer Kamerascheu, die sich nicht zu fein sind, für Geld jeden vorgeblich ▶ *innovativen* Tand vor die Linsen ihrer Mobiltelefone zu halten. Bei Medienpersönlichkeiten der klassischen Medien gilt derartiges Posieren im Dienste von Werbung und Schleichwerbung als ein etwas anrüchiger Nebenerwerb, aber in den sozialen Medien reicht solches Posieren schon aus, um eine Persönlichkeit zu werden. Mit himmlischen Kräften hat das Wirken dieser **Influencer** freilich nichts mehr zu tun.

innovativ ⏲ 📅 Innovation ist eine tolle Sache. Vom spätlateinischen *innovatio* (»Erneuerung«) kommend, steht sie für die Einführung von etwas Neuem, und zwar mindestens seit Anfang des 20. Jahrhunderts. 1915 stand das Wort zum ersten Mal im Duden. Ein Adjektiv war es damals noch nicht; das Derivat **innovativ** kam erst 1980 ins große gelbe Nachschlagewerk. Von da an brauchte es nicht lange, um zu einer reinen Worthülse der Marketingsprache zu verkommen, wenn es denn überhaupt jemals mehr gewesen war. Leider zog es sein Ursprungsnomen gleich mit in den Abgrund der abgedroschenen Gruselphrasen. *Innovation* ist das, wonach Vorgesetzte, Politiker, Pressevertreter und vereinzelte Endkunden rufen, wenn sie nicht so genau wissen, was sie eigentlich wollen. Als **innovativ** wird gelobt, was keine anderen Eigenschaften hat, als mehr oder weniger neu zu sein. »Neuartig«, »einfallsreich« oder »fantasievoll« bietet der Duden als Synonyme an. Leider treffen zumindest die letzten beiden auf die reale Verwendung von **innovativ** nur noch in den seltensten Fällen zu.

inspiriert ✌ 🇬🇧 Die Verwendung von **inspiriert** ist heutzutage immer häufiger **inspiriert** von englischen Scheinentsprechungen wie *inspiring* oder *inspirational*. Jene Wörter sind allerdings mit **inspiriert** fehlübersetzt. Etwas näher käme man der Bedeutung mit dem selten gehörten *inspirativ*, »durch Inspiration wirkend«. Im deutschen Sprachgebrauch war *Inspiration* lange Zeit wenig mehr als ein vornehmes Wort für »Abklatsch«, wenn zum Beispiel ein hoffnungsvoller Hobbyautor sagte: »Die Lektüre der Sherlock-Holmes-Geschichten inspirierte mich zu meinem selbstveröffentlichten Romanepos über einen genialischen Privatermittler mit einem komischen Hut und einem medizinischen Berater.« Im anglofonen Raum hingegen umschwirrt die Wortfamilie schon lange etwas Esoterisches, geradezu Übersinnliches. Als *inspirational* gelten zum Beispiel die windigen Selbsthilfebücher, die man liest, wenn es gar nicht mehr anders geht. Auch in der neudeutschen Schwurbelverwendung hat die Inspiration immer mehr von einer Engelsberührung, wenn etwa Kunstwerke, Fußballspiele, Gängemenüs schlicht als **inspiriert** beschrieben werden, ohne zu verraten, wovon. Zugegebenermaßen passt das nicht schlecht zur Originalbedeutung des lateinischen *inspirare*: »einhauchen«. Und doch war es irgendwie schöner, als dieses Wort ein paar Nummern kleiner war. (Wo wir übrigens gerade bei der Esoterik und listig getarnten Anglizismen sind: Im Englischen steht der Begriff *esoteric* nicht, wie in seiner deutschen Entsprechung, für unwissenschaftlichen Unsinn, sondern schlicht für etwas, was der Allgemeinheit unbekannt ist. Wird also eine Musikgruppe als *esoteric* bezeichnet, dann heißt das lediglich, dass sie momentan nur einen überschaubaren Kreis von Zuhörern begeistert. Es heißt nicht zwingend, dass ihre Mitglieder zu Weltraumwalgesängen mit Einhornhörnern auf Kraftkristallen trommeln. Wahrscheinlich ist es nur eine Frage der Zeit und des Zeitgeists, bis auch hier die deutsche und die englische Verwendung in einen ungenießbaren Bedeutungsbrei übergehen.)

Insta-Fame ★ ⎙ 🇬🇧 Dieses Modewort leitet sich ab

von der Online-Plattform zum Teilen von Fotos und Videos namens *Instagram* und dem englischen Wort für »Ruhm«, *fame*. Gemeint ist eine große Bekanntheit, die allein Veröffentlichungen auf Instagram zu verdanken ist, sei es als ▶ *kreativer* ▶ *Influencer* bzw. ▶ *innovativer* ▶ *Petfluencer* oder als freiwilliges oder unfreiwilliges Motiv einer populären Veröffentlichung. **Insta-Fame** klingt nicht zufällig nach Instantkaffee, Instantnudeln, Instantleben (von englisch *instant*, »sofort«). Mit anderen Worten: Man erlangt ihn schnell und macht sich dafür nicht tot; ein bisschen fühlt er sich so an wie richtiger Ruhm, ist aber eben doch noch weit vom Original entfernt.

Kanon ★ Nicht weniger als zehn Definitionen mit acht Unterpunkten listet der Duden zum Begriff **Kanon**, der sich vom lateinischen *canon* ableitet, was unter anderem »Regel« oder »Messstab« heißen konnte (vermutlich kommt der lateinische Begriff vom griechischen *kanṓn*, dem »Rohrstock«). Die gebräuchlichsten dürften das Lied mit dem mehrstimmigen, versetzten Gesang sein sowie die Liste mustergültiger Autoren und Werke. Zum Glück unerwähnt bleibt die zunehmende Aneignung des Begriffs durch die Popkultur, wo er für das steht, was orthodoxe Fans innerhalb von ihnen verehrter fiktiver Schöpfungen akzeptieren. Dann wird das Substantiv gerne mal wie ein Adjektiv verwendet: »Dass R2-D2 in den Disney-Star-Wars-Filmen ›twideldü‹ sagt anstatt ›twideldum‹, ist nicht **Kanon** und hat meiner Generation rückwirkend die Kindheit ruiniert!« Dabei sollte doch klar sein: Bei Ausgedachtem ist alles bloß ausgedacht. Dafür einen **Kanon** aufzustellen und sich verbittert über zulässige oder unzulässige Inhalte zu streiten ist noch alberner, als es die diversen Streitigkeiten um Literaturkanons und Ähnliches sind, die alle Jubeljahre wieder dem Feuilleton die Saure-Gurken-Zeit versüßen. (Neben *dem* Kanon gibt es übrigens auch *die* Kanon, wenngleich diese Variante als veraltet gilt. Damit meinte das Druckwesen einen Schriftgrad von 36 Punkt. Dieser Begriff kommt, wie viele der Verwendungen seines grammatisch männlichen Zwillings, aus dem religiösen Umfeld, nämlich vom *canon missae*, dem häufig gedruckten Hauptteil des katholischen Messbuchs.)

Kernkompetenzen 🗓️ 🏦 Wenn jemand von seinen **Kernkompetenzen** spricht, dann möchte er das so verstanden wissen, dass es um die Dinge geht, die ihm außerordentlich gut liegen. Tatsächlich heißt es meist: »Was anderes kann ich leider nicht.« Zum Beispiel: »Romantische Komödien für Teenager haben sich zur **Kernkompetenz** von Netflix entwickelt.« In diesem Fall: Schön, dass man überhaupt etwas gefunden hat, was man einigermaßen ▶ *authentisch* hinbekommt. Ansonsten steht das schönfärbende Wort eher für eine Reduzierung als für eine Wertsteigerung. »Wir konzentrieren uns fortan auf unsere **Kernkompetenzen**« klingt halt besser als: »Wir machen jetzt wieder den alten Stiefel und versuchen lieber gar nicht erst, über unseren Tellerrand hinauszusehen.« Ein Besinnen auf die **Kernkompetenzen** geht garantiert einher mit ▶ *gesundschrumpfen* und ▶ *Umstrukturierung.*

Kids 🇬🇧 ★ 🗨️ Dass die englischen **Kids** wie das deutsche *Kitz* klingen, kommt nicht von ungefähr. Auch in der Ursprungssprache steht das *kid* eigentlich für eine junge Ziege und hat sich erst umgangssprachlich zu einem menschlichen Kind entwickelt. Warum Erwachsene gerade diesen leicht missverständlichen Begriff aus dem Englischen übernehmen mussten, um sich Minderjährigen gegenüber als lässig zu inszenieren, gibt Rätsel auf. Vielleicht war es ein Tauschgeschäft mit dem *Kindergarten*, den die englische Sprache aus unserer übernommen hat? Wo wir schon beim munteren Austausch zwischen den Sprachen sind, wollen wir die **Kids**-Debatte mit einem englischen Bonmot beilegen, das sich

besonders bei englischsprachigen Deutschlernenden großer Beliebtheit erfreut: »No matter how kind you are, German kids are Kinder.« Dem ist nichts hinzuzufügen.

Kitsch 📺 Manche Wörter müssen andere Sprachen aus der deutschen übernehmen, weil sie zunächst gar nicht auf die Idee gekommen waren, dass man für den gemeinten Umstand eine Vokabel bräuchte. **Kitsch** ist so eins. Ein Schimpfwort für alles Farbenfrohe, Freundliche und ohne Tiefgang Unterhaltende. Eine plumpe Denunzierung des Geschmacks anderer Leute. Ein Wort wie eine Keule, die man schwingt, wenn einem fürs Skalpell die Finesse fehlt. Woher der Begriff kommt, ist nicht ganz klar (vermutlich vom mundartlichen *kitschen,* »schmieren«). Wohin er geht, auch nicht. Aber hoffentlich weit weg. Im Rheinischen gibt es übrigens nicht nur den **Kitsch**, sondern zusätzlich *die Kitsch*, ein Kerngehäuse. Die kann bleiben.

kohärent ✌ Wenn man sonst nichts Nettes über geschriebene Texte oder anderweitig formulierte Gedanken zu sagen hat, kann man sie wenigstens als **kohärent** bezeichnen. Als erstes adjektivisches Partizip vom lateinischen *cohaerere* heißt es nichts anderes als »zusammenhängend«. Sicherlich gibt es unzusammenhängende Texte – und Gedanken erst recht. Allerdings sollte im Normalfall alles, womit man die Öffentlichkeit behelligt, einen gewissen inneren Zusammenhang aufweisen. Diesen Normalfall mit einem Fremdwort zum Ausnahmefall zu adeln, scheint ein bisschen viel der Güte. »Der Autor hat einen zusammenhängenden Text verfasst.« Das ist ein schönes Lob für einen Grund- oder Vorschüler. Für Journalisten, Akademikerinnen und andere berufsmäßige Textverfasser sollte es selbstverständlich und nicht extra erwähnenswert sein, auch nicht mit einem Fremdwort.

Kohldampf 🍺 Die Herkunft des Begriffs ist interessant: Er hat weder etwas mit der zu den Kreuzblütlern gehörenden Gemüsepflanze noch mit feuchtem, sichtbarem Dunst zu tun. Stattdessen kommt er aus dem Soldatenjargon, der wiederum seine beiden Bestandteile aus der Gaunersprache übernommen hat: »Kohl« kommt von *Kohler*, was von *Koller* kommt und »Hunger« bedeutet. »Dampf« bedeutet unter Gaunern ... ebenfalls Hunger. **Kohldampf** heißt also schlicht *Hungerhunger* und bezeichnet besonders großen Hunger. Amüsante Geschichte, aber trotzdem ein Wort ohne jeden Wohlklang. Sagt einer: »Ich hab Kohldampf!«, kann anderen derselbe schnell vergehen. Assoziativ ist da rein gar nichts appetitanregend. Und vielleicht muss man Gaunern und Soldaten auch nicht in alle Ewigkeit alles nachplaudern.

Kollateralschaden 🏛 Schaden klingt nach »schade«. Beim **Kollateralschaden**, 1999 zum Unwort des Jahres gekürt, hätte die Dramatik ruhig ein paar Nummern größer ausfallen dürfen, bezeichnet er doch laut Duden »bei einer militärischen Aktion entstehenden [schweren] Schaden, der nicht beabsichtigt ist und nicht in unmittelbarem Zusammenhang mit dem Ziel der Aktion steht, aber dennoch in Kauf genommen wird«. *Kollateral* kommt vom englischen *collateral*, was so viel wie »nebensächlich« bedeutet. Nebensächlich, so muss man annehmen, sind beim **Kollateralschaden** auch die darin subsumierten Menschenleben. Bei so wenig sprachlichem Taktgefühl kann man bei der anschließenden Gedenkfeier im Kasernenhof gleich Britney Spears spielen: »Oops, I did it again ...«

Komfortzone 🇬🇧 Die **Komfortzone** bezeichnet laut Duden einen »von Bequemlichkeit und Risikofreiheit geprägten Bereich des privaten oder gesellschaftlichen Lebens«, und das noch gar nicht so lange. Selbstverständlich hatte der englischsprachige Raum bereits eine *comfort zone*, bevor daraus im deutschsprachigen Raum ohne Finesse die **Komfortzone** abgeleitet wurde, die ein wenig nach einem neuen Schlafwagenabteil der Deutschen Bahn oder der strengen Großtante des ▶*Wohlfühlbereichs* der Werbesprache klingt. Obwohl das englische Original auf psychologische Theorien vom Anfang des 20. Jahrhunderts zurückgeht, lässt sich die konkrete Formulierung *comfort zone* nicht weiter zurückverfolgen als bis in die Mitte der 1990er, als sie im Titel eines populärwissenschaftlichen Sachbuchs auftauchte. 2007 erwies der Bestseller-Literat Jonathan Franzen dem schrecklichen Wort einen Bärendienst mit seiner eigentlich sehr schön betitelten Essay-Sammlung »The Discomfort Zone«: Er machte das Wort, das er verballhornte, noch bekannter, geradezu ▶*ubiquitär*. Auch im deutschsprachigen Raum, in dem das Buch unter dem Titel »Die Unruhezone« erschien. Seitdem ist die **Komfortzone**, die zwar nicht im Titel, sehr wohl aber im Inhalt des Buchs vorkommt, aus dem hiesigen Feuilleton nicht mehr wegzudenken. Wir wollen Franzen nicht allein die Schuld geben, aber auffällig ist das schon. Schade ist am Wort nicht nur seine unbedachte Verbreitung, sondern gleichfalls seine negative Konnotation: Aus der **Komfortzone** gilt es, genau wie aus ▶*Strukturen*, stets auszubrechen. Dabei sollte sich doch jeder glücklich schätzen, wenn er seinen persönlichen Ruheraum gefunden hat.

kommunizieren ✌ 🗓 Man kann sich auf verschiedene Arten mitteilen: mündlich, schriftlich, gestisch, olfaktorisch. All das ist Kommunikation. Wenn es einem völlig egal ist, ob man gerade spricht, schreibt, gestikuliert oder riecht, solange die anderen nur mitbekommen, dass man auch noch da ist, dann sagt man stolz: »Ich kommuniziere.« Bei diesem bloßen **Kommunizieren** wird allerdings meistens am wenigsten **kommuniziert**, also »mitgeteilt« (vom lateinischen *communicare*). Man möchte sagen: Wer nichts mitzuteilen hat, aber trotzdem mitreden möchte, der **kommuniziert**.

Konflikt 🗨️ 🍺

Morgens befindet sich der Mann oft im **Konflikt**, ob er sich mal wieder rasieren sollte oder ob die Stoppel noch ein weiteres Mal als ästhetisches Konzept durchgehen könnten. Während Mann darüber nachdenkt, erzählt im Hintergrund vielleicht die Rundfunknachrichtensprecherin etwas über einen **Konflikt** in einem fernen Land, der über Nacht wieder ein paar tausend Menschenleben gefordert hat. Für beides denselben Begriff zu verwenden, scheint ein wenig heikel. Dabei ist es schwierig zu entscheiden, für welchen Umstand er trefflicher geeignet ist. Das lateinische Original, *conflictus*, steht für einen »Zusammenstoß«. Das kann ein Zusammenstoß von Interessen oder Wünschen sein, aber auch einer von feindlichen Heeren. Bei der Debatte um den **Konflikt** befindet man sich also selbst in einem. Kein Wunder, dass manch einer dabei die ▶ *Krise* kriegt.

konstruktiv 🔢

Das Adjektiv **konstruktiv**, vom lateinischen *construere* (»konstruieren«), ist zu schön, um als reiner Weichmacher zu dienen. Genau dazu ist es allerdings in der Floskel von der »**konstruktiven** Kritik« verdammt. »Bitte verstehen Sie es als **konstruktive** Kritik …« soll dem Tadel den Stachel nehmen unter dem Vorwand, man könnte aus der Schelte etwas lernen und es das nächste Mal besser machen. Kann man möglicherweise sogar. Aber das ist keineswegs so sicher, wie viele anzunehmen scheinen. Aus den eigenen Fehlern – und derer ist man sich in der Regel auch ohne

Hinweis Dritter bewusst – lernt man verlässlicher als aus anderer Leute Fingerzeig. Die Rede von der »**konstruktiven** Kritik« hat etwas Oberlehrerhaftes. Dabei trifft sie meistens Subjekte, die längst aus der Schule raus sind, und kommt von Subjekten, die keinerlei Lehrerfahrung haben. **Konstruktiv** heißt unter anderem »aufbauend«, doch »aufbauende Kritik« gibt es nicht. Egal wie berechtigt sie ist – Kritik ist immer das Gegenteil von aufbauend. Seltsamerweise hört man nie vom »**konstruktiven** Lob«. Dabei ist Lob ein viel verlässlicher Förderer guten Gelingens.

konzis ✌ Kurz Gefasstes nennt man gerne **konzis**, insbesondere wenn Kürze mit Würze Hand in Hand gehen soll. Es kommt vom lateinischen *concidere*, was eigentlich »zusammenhauen« bedeutet. Vom Zusammenhauen ist es nicht weit zum Raushauen. Bei der nächsten schnell rausgehauenen Arbeit sollte man also nicht sagen: »Tut mir leid, mehr habe ich zwischen Frühstücksfernsehen und *Krasse Schule – die jungen Lehrer* einfach nicht gebacken bekommen.« Sondern: »Wie Sie sehen werden, habe ich äußerst **konzis** gearbeitet.«

krank ★ Sieht man sich dieser Tage mit **krankem** *Scheiß* konfrontiert, so handelt es sich in den wenigsten Fällen um flapsig formulierte Analysen von Stuhlproben, sondern um etwas besonders Wertgeschätztes. Oder um etwas besonders gering Geschätztes. Bereits in den 70ern bezeichnete die Jugend mit dem Adjektiv **krank** nicht nur eine Beeinträchtigung des körperlichen oder geistigen Wohlbefindens, sondern drückte dadurch auch ihre Missbilligung widriger Umstände aus: »Das ist voll **krank**, ▶ Alter!« Weil die Jugend aber nicht immer alles nur missbilligen wollte (sie ist ja gar nicht so), sagten sich Jugendvertreter eines Tages: Potz Blitz,

wir brauchen auch ein Adjektiv des Lobes und der Huldi-
gung! Man debattierte ein paar Sekunden, dann hatte man
keinen Bock mehr und beschloss: Ach, nehmen wir dafür
einfach ebenfalls **krank**. Es ist also – genau wie sein Nach-
bar ▸ *krass* – zu einem dieser Wörter geworden, die ihr eige-
nes Gegenteil bedeuten können, je nach Zusammenhang.
Manchmal sind sich die Sprechenden über jenen selbst nicht
ganz im Klaren – ein Resultat der verwirrenden »Das ist so
schlecht, dass es schon wieder gut ist!«-Attitüde jugendlicher Ironievögel. Oft stellt sich also die Frage: Ist das so
krank, dass es schon wieder gesund ist?

krass ★ Ursprünglich bezeichnet das Adjektiv etwas, das in
seiner Art besonders extrem ist: ein **krasser** Fall von Korrup-
tion. In der Jugendsprache, die längst nicht mehr nur von
der Jugend gesprochen wird, wird das kleine Wort auch zur
großen Steigerung anderer Wörter verwendet: »Das war wieder mal ein **krass** gelungener Abend mit Schaumwein und
Kammermusik.« Es ist derweil keineswegs dazu verdammt,
ein Schattendasein an der Seite anderer Adjektive zu führen.
Ganz auf sich allein gestellt findet es Verwendung, wenn
man ausdrücken möchte, dass etwas sehr gefallen hat (»Der
Film war voll **krass**!«) oder extrem missfallen hat (»Der Film
war echt **krass**!«). Dieser, je nach Fasson, irgendwie sinnent-
leerte oder subtil kontextabhängige Gebrauch wurde zwar
nicht von der kurzlebigen Rapband »Rödelheim Hartreim
Projekt« erfunden, aber wohl von ihr in die gesellschaftliche
Mitte gebracht, als sie Mitte der 90er mit Liedertiteln wie
»Kommt krass« die ▸ *Mainstream*-Charts knackte. Das Wort
kommt übrigens vom lateinischen *crassus*. Das wäre nicht
nur ein trefflicher Name für einen Deutschrapper, sondern
heißt außerdem »dick« oder »grob«. Wenn das nicht ▸ *fett*
ist.

Krätze 🗨 Im Alltag wird man schnell zum Selbst-
diagnostiker und stellt an sich Krankheiten fest, mit denen
man eigentlich besser eine Fachkraft aufsuchen sollte. Bei
umwölkter Laune wähnt man sich ▸ *depressiv*, wenn Ärger
in Verzug ist, heißt es plötzlich: »Ich krieg die **Krätze**!«
Wirklich? Jene »durch die Krätzmilbe hervorgerufene Hautkrankheit, die durch rötlich braunen Ausschlag und heftigen
Juckreiz gekennzeichnet ist«? Ganz ohne eine Krätzmilbe
weit und breit? Das muss psychosomatisch sein. Kriegt
man im Süddeutschen die **Krätze**, dann könnte auch gemeint sein, dass man einen Korb bekommt – im Sinne eines
»aus biegsamem Material geflochtenen oder geformten,
meist offenen Behälters«, nicht im Sinne einer Abfuhr. Die
Krankheitskrätze kommt vom mittelhochdeutschen *kretze*
(»kratzen«), die Korbkrätze vom althochdeutschen *krez-
zo* (»Geknüpftes«, »Gewundenes«). Letztere ist nicht mehr
sonderlich gebräuchlich, Erstere sollte es auch nicht mehr
sein, solange man nicht tatsächlich von der Hautkrankheit
spricht.

kreativ 📺 🇬🇧 Kreativität könnte so schön sein, hätte die
sogenannte Kreativbranche, also die meist deprimierend
unkreative Werbeindustrie, die Wortfamilie nicht gekapert
und gehässig für sich allein beansprucht. Inzwischen sind
Variationen des **Kreativ**-Begriffs eigentlich nur noch mit
sarkastischen Anführungszeichen zu bekommen: »Siehst
du diesen bärtigen Glatzkopf in Schwarz mit Hornbrille und
Applewatch? Das ist bestimmt ein ›Kreativer‹.« Was viele
nicht wissen (sie aber andererseits auch nicht wundern sollte): Die Kreativität und ihre sprachlichen Ableger haben
zwar mit *creare* (»erschaffen«) lateinische Wurzeln, kamen
aber vom Englischen ins Deutsche und stehen erst seit 1973
im Duden. Wer sich also darüber erregt, dass »Anglizismen

wenig kreativ« sind, der hat gerade im Glashaus den ersten Stein geworfen.

kredibel 🎬 🇬🇧 Manche Wörter hatte man bereits abgeschrieben, da waren sie schon wieder zurück. Der Duden kennzeichnet **kredibel**, ein unnützes Synonym für »glaubwürdig«, als »veraltet«. Wer aber vor allem in der Arbeitswelt mal die Ohren aufsperrt, hört es immer noch und immer wieder, und keineswegs nur aus greisen Mündern. Der Werdegang dieses Adjektivs ist eine Geschichte zweier Sprachen: der englischen und der französischen. Bevor die Deutschen ganz verrückt nach Englisch waren, waren sie ganz verrückt nach Französisch und übernahmen das Wort von *crédible* (was wiederum vom lateinischen *credibilis* abstammt). Als den Deutschen Französisch zu schwierig wurde und sie Englisch zu ihrem neuen Ideal erklärten, konnten sie aufatmen: Dort gab es das gleiche Wort, anglifiziert zu *credible*. Sollte die englische Mode wider Erwarten ebenfalls irgendwann vorbeigehen, kann man sich vielleicht wieder auf »glaubhaft« oder »glaubwürdig« besinnen.

Krise 🗨️ 🍺 📺 »Ich glaub, ich krieg die **Krise**!«, sagt man gerne, und man weiß gar nicht so genau, was damit gemeint ist. Finanzkrise, Flüchtlingskrise, Klimakrise – von der leichten Irritation über humanitäre Notstände bis zur globalen Katastrophe ist alles **Krise**. Die Nachbarin bekommt sie, wenn im Supermarkt mal wieder Storno ist. Laut Nachrichtenmedien braucht es für Krisensituationen schon militärische ▶*Konflikte* oder Pandemien. Anfang des 19. Jahrhunderts gab es passenderweise sogar eine *Sprachkrise*, als einige wortgewaltige Denker Zweifel überkamen, ob Sprache ein adäquates Mittel sei, die komplexe Welt der Wirklichkeit zu beschreiben. Damals bekam der österreichische Schriftsteller

Hugo von Hofmannsthal die **Krise** folgendermaßen: »Es zerfiel mir alles in Teile, die Teile wieder in Teile und nichts mehr ließ sich mit einem Begriff umspannen. Die einzelnen Worte schwammen um mich; sie gerannen zu Augen, die mich anstarrten und in die ich wieder hineinstarren muss: Wirbel sind sie, in die hinabzusehen mich schwindelt, die sich unaufhaltsam drehen und durch die hindurch man ins Leere kommt.«[24] Zur damaligen *Sprachkrise* sagte man auch *Sprachskepsis*. Vielleicht sollte man analog im Supermarkt mal einen Gang runterschalten: »Ich glaub, ich bekomm die Skepsis!«

kultig ★ 📺 Wenn etwas **kultig** ist, dann hat es Kultstatus. Man sagt auch gern und unschön: Dann ist es Kult. Doch was ist ein Kult? Abgeleitet vom lateinischen *cultus* (»Pflege«, »Bildung«, »Verehrung«) steht der Begriff zum einen für eine rituelle Handlung einer religiösen Gemeinschaft, zum anderen für übertriebene Verehrung weltlicher Phänomene. Aus jener Ecke stammt der überstrapazierte Begriff des *Kultfilms*, der mal für ein exzentrisches Außenseiterkino stand, das sich Uneingeweihten nicht erschloss, aber seit Jahrzehnten auf jeden charakterlosen Ex-Blockbuster geklatscht wird, bei dem irgendeine Generation gemeinschaftlich nostalgische Hitzewallungen bekommt. Angesichts dieser großen Beliebtheit brauchte es bald das Adjektiv **kultig,** um die Bedeutung der Kult-Wortfamilie noch besser auflösen und banalisieren zu können. Irgendwie und irgendwo ist für irgendwen alles **kultig.** Laut »Bild« ist es Heinz Schenk, laut der österreichischen Gratiszeitung »Heute« ist es US-Regisseur Kevin Smith, laut Münchner »TZ« der Fiat Topolino.[25] Vermutlich ist der Begriff **»kultig«** selbst längst **kultig.** Zu diesem Kult hält man am besten Abstand. Man muss auch nicht immer überall mitmachen.

kuratieren ✌️📺 Wer nichts wird, der **kuratiert**. Und zwar nicht unbedingt Ausstellungen prähistorischer ägyptischer Grabbeigaben oder neu entdeckter Arbeiten von Altmeistern des japanischen Farbholzschnitts – dafür müsste man ja was Anständiges gelernt haben –, sondern Listen mit animierten Witzbildern, süßen Katzenvideos oder der schönsten Musik für die ▶ *Mindfulness*-Meditation. *Kuratoren* (wörtlich aus dem Lateinischen: »Pfleger«) gibt es schon länger; die ersten waren alte Römer. Sie waren unter anderem dafür verantwortlich, Straßen und Flüsse sauber zu halten, verdingten sich allerdings auch als Rechtsbeistände und Vormunde. Ein Kurator war also eine Art Mischung aus Müllmann und Anwältin. Erst im 20. Jahrhundert eignete sich das Museumswesen den Begriff an. Das Verb, das dem Substantiv entsprungen ist, konnte die »Neue Zürcher Zeitung« erstmals 1996 identifizieren. 2015 mutmaßte der Journalist Wolfgang Michal in seinem Blog, dass die große Verbreitung dieser Wortneuschöpfung dem Umstand zu verdanken sei, dass Journalisten immer weniger journalistisch und Redaktionen seltener redaktionell arbeiten. Statt eigene Inhalte zu schaffen, werden Netzfundstücke und Agenturmeldungen kompiliert und multipliziert. Seit Jahr und Tag wollen viele junge Leute »irgendwas mit Medien« machen, wenn sie mal groß sind. Dieses vage Berufsziel scheiterte lange Zeit am realen Arbeitsmarkt: Den Irgendwas-mit-Medien-Macher gab es nicht. Jetzt gibt es ihn: Er ist Kurator, und er **kuratiert**. Lässt sich das kurieren? Das wissen nur die Kuriere.

kurzschließen 🗓️ »Zu dem Thema müssen wir uns mal **kurzschließen**«, sagt die Kollegin, und man möchte rufen: »Bitte, nur das nicht! Ich gestehe alles!« Schließlich wird beim **Kurzschließen** ein Stromkreis geschlossen, um Widerstände zu überbrücken. Zwischenmenschlich sollte man

Widerstände ohne Stromschläge überbrücken. Dasselbe gilt für den Gebrauch des Verbs **kurzschließen** im Sinne von »verbinden«: »München schließt Tradition mit Moderne kurz.« Bis die Funken schlagen und das Bierzelt abbrennt etwa? Klänge es nicht viel angenehmer, würde die Stadt beides bloß »verbinden«? Dazu sollte man sich mal **kurzschließen.**

lecker 💬 Gegen das Adjektiv **lecker**, das es schon im Mittelhochdeutschen gab und ursprünglich für etwas stand, das »gut zu lecken« ist, ist eigentlich nichts einzuwenden. Zweierlei Umstände allerdings verderben einem dem Appetit. Zum einen ist es die fortschreitende Auslöschung aller anderen Adjektive, die ebenfalls etwas gut Schmeckendes bezeichnen. »Total **lecker!**« scheint der einzige Ausruf zu sein, den man heutzutage für die Aufnahmeprüfung in die hohe Schule des Gastronomiejournalismus beherrschen muss. Dabei bietet der Duden nicht weniger als 15 Synonyme an – vom konservativen »schmackhaft« bis zu ungewöhnlicheren Lösungen wie dem schweizerischen »gluschtig«. Und der eigenen Fantasie sind ohnehin keine Grenzen gesetzt. Der andere Grund, warum **lecker** auf den Magen schlägt, ist die zunehmende Verwendung in völlig unlukullischen

Zusammenhängen. »Nach einem Durchhänger bietet die Aktie jetzt wieder gute Chancen auf eine **leckere** Rendite«[26], schreibt etwa »Börse Online« (zugegebenermaßen als witzig gemeinte Anspielung auf die Produkte des besagten Lebensmittelunternehmens, aber Börse und Humor ist halt eine Beziehung voller Spannungen). **Lecker** ist wie ▶ *sexy* eines dieser Adjektive geworden, mit denen man auf viel besserem Fuß stünde, würden sie stets nur das heißen, was sie heißen.

legendär ★ Wie Siegfried damals den Drachen totschlug,

das war **legendär**, denn die Tat hatte das Format, um zu einer Legende zu werden. Sollte heute jemand einen Drachen totschlagen und sich strategisch dabei Siegfried zum Vorbild nehmen, so wäre das ebenfalls **legendär**, denn es fände nach Art einer Legende statt, was ebenfalls einer der korrekten Definitionen des Adjektivs entspricht. Ob die Party bei Babsi am letzten Samstag jedoch wirklich so »**legendär**« war, wie Urs und Torben es allen auf dem Schulhof erzählen, werden wir erst wissen, wenn spätere Generationen weiterhin davon berichten. Anders verhielte es sich, wenn Babsi eine Motto-Party zum Thema »Im Olymp steppt der Herakles« ausgerichtet hätte. Dann könnte man ein Auge zudrücken und sagen: »Na gut, ein bisschen nach Legendenart, ergo **legendär,** war das schon.« Aber wahrscheinlich war die Party einfach nur »ziemlich gut«. Oder wenn es unbedingt sein muss: ▶ *geil*.

leidenschaftslos 🎬 💬 »Da bin ich **leidenschaftslos**«

war einmal, für ungefähr fünf aufregende Minuten, die etwas witzigere Art, »Das ist mir egal« zu sagen. Inzwischen ist es die viel trostlosere Art. Wer die Floskel heute noch verwendet, ist – so darf man annehmen – auch in vielen anderen Bereichen **leidenschaftslos**. Vor allem in sprachlichen.

Leserreporter*in 📺 Wenn Medien richtige Reporte-rinnen nicht mehr bezahlen mögen, dann setzen sie auf **Leserreporter**. Also Laien, die für eine geringe Aufwands-entschädigung die Zeitung vollschreiben dürfen, die sie dann selbst kaufen sollen. Gelernt haben sie das Zeitung-vollschreiben freilich nicht, und deshalb werden sie so hoch geschätzt: Sie formulieren frei nach Volksmund für ein Volk, das zunehmend allen Blickwinkeln außer den ureigenen misstraut. Ein **Leserreporter** betreibt so wenig Journalismus, wie eine Bürgerwehr Gesetze hütet.

liken 🇬🇧 ★ »Ich habe das **geliket**« sagt man, weil einem »Ich habe das auf Facebook mit ›Gefällt mir‹ markiert« zu lang ist. Das ist verständlich, macht das Wort aber nicht liebens-werter. Zumal die eingedeutschte Form der englischen Vo-kabel *to like,* »mögen«, komisch aussieht. Ein bisschen wie das, was mancher manchen manchmal am Allerwertesten tun kann. Wir klicken auf: »Gefällt mir gar nicht.«

lohnenswert 💬 Was ist eigentlich der Unterschied zwi-schen einer **lohnenswerten** und einer lohnenden Lektüre? Es gibt keinen, aber die zweite Formulierung ist eine lohnende-re Lektüre, denn man wird bei ihr nicht mit einem Unsinns-adjektiv belästigt. Manches lohnt sich, einiges ist etwas wert. Man kann sich vorstellen, was damit gemeint ist. Was allerdings bedeutet **lohnenswert**? Dass etwas es wert ist, sich zu lohnen? Lohnen ist nichts, was die Menschen aktiv tun: »Heute Abend lohnen wir mal eine Runde.« (Es sei denn, man meint es im Sinne des Herkunftsworts, des althochdeutschen *lōnōn*, das »vergelten« bedeutet.) Mit dem »wert sein« ist es ebenfalls schwierig: »Das ist es mir wert, sich zu lohnen.« Wie man es auch dreht und wendet: **lohnenswert** ist ein Wort, das keines sein sollte.

lol ★ Die Abkürzung **lol** steht im Online-Jargon für *laughing out loud*, also lautes Lachen. Wie Emojis sind **lol** und ähnliche Kürzel Indizien dafür, dass der Menschheit die Textverständnisfähigkeit abhandenkommt. Die neue Leseschwäche besteht darin, dass Bedeutungsnuancen nicht mehr verstanden werden, wenn sie zwischen den Zeilen versteckt sind. Schreibt jemand **lol**, dann weiß man: Das war aber lustig. Schriebe man bloß »Ha ha« oder »Was habe ich gelacht«, wüsste niemand, wie es nun gemeint ist. Ironisch? Sarkastisch? Ehrlich? Hat da wirklich einer gelacht, oder gerade ausdrücklich nicht? Man müsste also nachdenken, den Text interpretieren, ihn in Bezug setzen zum Wesen der Verfasserin und dem zuvor Gesagten. Das geht natürlich nicht; das ist ja wie in der Schule. Dann doch lieber **lol**. (Hausaufgabe bis morgen: Darüber nachdenken, wie der Autor das nun wieder gemeint hat.)

lunchen 🎞 🇬🇧 Lassen Sie sich kein U für ein Y machen und gehen Sie Verabredungen zum **Lunchen** tunlichst aus dem Weg. Man weiß nie, wer oder was da **geluncht** werden soll. Zum Mittagessen hingegen können Sie sich ruhig hin und wieder einladen lassen.

luzid ✌ Behauptet man, jemand habe etwas **luzid** ausgedrückt, dann hat man selbst es eher nicht getan. Vom lateinischen *lucidus*, »lichtvoll«, kommend, bedeutet **luzid** zum Beispiel »klar« oder »verständlich«. Ein Schelm, wer dafür unklare oder schwer verständliche Vokabeln verwendet.

Mädel 🗨 **Mädels**, wollt ihr ewig **Mädels** bleiben? Soll der **Mädelsabend** niemals enden? Wünschtet ihr euch nicht, als ihr tatsächlich noch **Mädels** wart, wenig sehnlicher, als endlich als erwachsene Frauen wahr- und ernstgenommen zu werden? Dann sollte jetzt Schluss sein mit der halb-ironischen Selbstherabsetzung. Kein Bub bleibt für immer Peter Pan, kein **Mädel** Tinkerbell. Das **Mädel** wie das *Mädchen* sind übrigens Verkleinerungsformen der *Magd*. Seht ihr euch so, ihr **Mädels** in den Chefetagen, Entscheidergremien, Richterroben und Mondraketen? Als kleinere Mägde?

Mainstream 🇬🇧 ★ Der **Mainstream** (»Hauptstrom«) ist ein dem Englischen entliehener Begriff für den Massengeschmack und wird gerne abwertend verwendet, denn der Massengeschmack hat ein Geschmäckle. Doch was genau ist eigentlich dieser Massengeschmack? Das, was von vielen, also von Massen, geschätzt wird? Demnach gehören zum **Mainstream** Bob Dylan und Dieter Bohlen, Sibylle Berg und Kerstin Gier, Mario Barth und Max Goldt. Der **Mainstream** ist ein Schreckgespenst, und Gespenster gibt es nicht. Der Begriff beschreibt nichts anderes als das, was man ganz persönlich als unter seinem Niveau betrachtet, meistens ohne genauere Kenntnis der Sache. Als allgemein gültiger Richtwert taugt er nicht.

meeten 🇬🇧 🎬 »Wir **meeten** uns heute um halb zwei!«, ruft der Kollege und ist raus aus der Tür. Da sitzt man nun und fragt sich: Was genau mieten wir uns denn dann? Ein Kraftfahrzeug? Ein Zimmer mit Aussicht? Ein Tretboot in Schwanenform? Das englische Verb *to meet* (»treffen«) mit dem Holzhammer einzudeutschen ist doppelt dumm, nicht nur, weil wir schon mindestens ein Verb in unserer Sprache haben, das dessen Bedeutung adäquat spiegelt, sondern auch, weil wir darüber hinaus ein anderes haben, das etwas ganz anderes bedeutet, aber genauso klingt. Fatal für ein Wort, dass gottlob (oder schlimm genug) so gut wie ausschließlich in der gesprochenen Sprache auftaucht.

mega ★ 💬 Eine (**mega**-)steile These: Kein Jugendlicher ohne Matheleistungskurs oder altgriechische Vorbelastung hat jemals den Begriff **mega** (vom griechischen *megás,* »groß«) als Vorsilbe zur Steigerung von Adjektiven, zur Erhöhung von Hauptwörtern oder gar als eigenständiges Adjektiv (»Der neue Handke ist echt **mega**!«) verwendet, bevor erwachsene Vertreter der allerleichtesten Muse vom kabarettistischen Jugendparodisten bis zum alterstollen Pop-Juror uns eingeredet haben, dass Jugendliche ständig so daherreden. Gut, die These ist vielleicht wirklich etwas zu steil. Dennoch: Die ganz große Megaisierung der deutschen Beschreibungskultur entstand nicht auf den Schulhöfen der Republik, sondern in ihren Fernsehstudios. Dabei ist es schlimm genug, dass professionelle Jugendimitatoren uns vorschreiben, was **mega** ist und was vielleicht nur super. Wir sollten uns nicht auch noch von ihnen vorsagen lassen, wie wir zu sprechen haben. Sonst reden die uns irgendwann ein, dass **mega** von gestern sei und angesichts des technologischen Fortschritts ab sofort alles *giga* oder sogar *tera* zu sein habe.

Mehrwert 📅 📺

Im Marxismus bezeichnet **Mehrwert** einen den Lohn übersteigenden Wert, den die Arbeiterschaft produziert. Wir leben zwar nicht in einer marxistischen Gesellschaft, finden den Begriff aber so gut, dass wir ihn trotzdem übernommen haben. **Mehrwert** kling halt nach mehr, und mehr ist immer gut; davon gehen zumindest Marketingstrategen aus. Die hatten anfangs sicher auch vorgehabt, den Begriff mit neuer Bedeutung aufzuladen, nachdem die ursprüngliche entfernt worden war. Das wurde aber irgendwie vergessen, und jetzt geistert das Wort bedeutungslos durch die Großraumbüros und den Mediendschungel. Das österreichische Magazin »Trend« zitierte 2018 die damalige Bundesministerin für Nachhaltigkeit und Tourismus Elisabeth Köstinger folgendermaßen: »Wir müssen den Menschen darlegen, welchen **Mehrwert** es mit sich bringt, auf E-Mobilität umzustellen.«[27] Klar: Würde es den Menschen lediglich Wert bringen, würden sie der E-Mobilität die kalte Schulter zeigen. Sie wollen mehr. Mehr Wert. Man sieht: In ihrer tatsächlichen Verwendung bezeichnet die Floskel vom **Mehrwert** keineswegs einen besonders wertvollen Wert, sondern eher einen diffusen, kaum messbaren, den man lediglich mit einem rhetorischen Trick zu grotesker Größe aufgeblasen hat.

Meme 🇬🇧 ★

Das denglische **Meme** (sprich: »mim«) ist eine moderne Variante des deutschen *Mem*, welches vom griechischen *mnémē* (»Gedächtnis«) kommt. Die Memtheorie geht davon aus, dass einzelne Bewusstseinsinhalte durch Kommunikation weitergegeben und durch Imitation verinnerlicht werden, wodurch sie sich soziokulturell so ähnlich vererben, wie es Gene biologisch tun. Das klingt reichlich hochtrabend für das, was inzwischen mit **Memes** gemeint ist: Witzbildchen, die wir im Internet teilen, anstatt vernünftig miteinander zu reden. Das Ganze ist trotz quasiintellektueller Verschlagwortung eher ein Verlust als ein Gewinn für die Kommunikationskultur.

mental ✌ Außerhalb kieferchirurgischer Kreise mag es den wenigsten bekannt sein, dass es das Adjektiv **mental** im Deutschen zweimal gibt. In der Medizin bedeutet es »zum Kinn gehörend«. In der alltäglichen Konversation bedeutet es meistens gar nichts. »Ich muss mich **mental** auf die neue Situation einstellen.« Klar, wie sonst? Vom lateinischen *mens* (»Geist, Vernunft«) kommend, bezeichnet **mental** das, was den Geist betrifft. Da der Mensch nun mal ein Wesen mit Geist (sprich: Bewusstsein, Verstand) ist, muss man es eigentlich nicht jedes Mal erwähnen, wenn er etwas tut, was den Geist involviert. Sagt ein Sportler, er müsse sich **mental** auf einen Wettkampf vorbereiten, dann ist die Information nicht unwesentlich, denn ließe er das Wort weg, könnte er ja auch die körperliche Vorbereitung, also das Training meinen. In den allermeisten anderen Zusammenhängen in Alltag und Arbeitswelt dürfte allerdings klar sein, dass eine Vorbereitung **mental** vonstattengeht und keineswegs beinhaltet, dass vor der Konferenz Gewichte gestemmt und Möbel gerückt werden müssen oder vor dem Besuch bei den exzentrischen Schwiegereltern noch schnell mehr Körperschmuck angetackert werden muss. In der – nicht immer ganz politisch korrekten – englischen Umgangssprache steht *mental* übrigens für *plemplem*. Da die deutsche Umgangssprache mit Wonne Wörter aus der englischen übernimmt, sollte man vielleicht (mental) genau überlegen, wie **mental** man sich der Welt präsentieren möchte.

metrosexuell 📺 In den 1990ern entdeckte die britische Presse einen völlig neuen Typ von Mann: einen, der sich die

Haare kämmte und das Gesicht wusch, und dem es nicht egal war, ob er in Lumpen oder Zwirn ging. Diesen Mann gab es offenbar nur in großen Städten, er war also *metropolitan*. Da er nicht geschlechtslos war, war er auch irgendwie *sexuell*. Schon hatte man ein neues Schlagwort für ein Phänomen, das keines ist. Der **metrosexuelle** Mann sollte den gepflegten Hetero vom homosexuellen Mann abgrenzen, denn, so geht das Klischee, eigentlich ist Sinn für Körperpflege und Mode nur unter Schwulen verbreitet. Das ist natürlich Quatsch, genau wie der neu entstandene Terminus.

Migrationshintergrund

Es kann der bestgemeinte Begriff nicht in Frieden existieren, wenn die Schlechtmenschen ihn nicht lassen. Bürgerinnen und Bürger, die seit längerer Zeit in einem Land leben, vielleicht schon von Geburt an, als »Ausländerinnen« oder »Ausländer« zu bezeichnen, nur weil ihr Stammbaum woanders wurzelt, scheint widersprüchlich: Man ist in dem Land, in dem man lebt, kein Ausländer. Familiäre und kulturelle Prägungen wegzufantasieren wäre derweil in gleichem Maße blauäugig, also schienen Formulierungen vom **Migrationshintergrund**, wie sie die Statistischen Landesämter und das Statistische Bundesamt in Deutschland seit 2005 verwenden, zunächst nicht die schlechteste Idee. Nur leider stürzten sich der Stammtisch und die Boulevardpresse sofort auf die neue Vokabel, und bald bekam man sie nur noch in gehässigem Tonfall zugezischt, mit Sarkasmusgänsefüßchen, wie einst den »ausländischen Mitbürger«. Auch die Tatsache, dass die deutsche Statistikbürokratie ihre Definition des **Migrationshintergrunds** seit 2005 zweimal geändert hat, ohne ihm seine Schwammigkeit zu nehmen, und andere deutschsprachige Staaten ihn wiederum anders definieren, verdammt den Begriff zur Unbrauchbarkeit.

Mindfulness ⬜ 🇬🇧 Meistens hört man das Wort vor allem im Umfeld von Meditation, Yoga und Esoterik-Trends. Ursprünglich handelt es sich bei der Achtsamkeit um eine meditative Grundpraxis des Buddhismus, aber das ist kaum jemandem bekannt, der heute die englische Variante im Munde führt. Vielen fällt es leichter zu definieren, was **Mindfulness** *nicht* ist, als, *was* es ist. So schreibt die Schweizer Zeitschrift »Beobachter«: »Die **Mindfulness** ist im Westen nicht nur deshalb so erfolgreich, weil viele Sehnsucht nach mehr Ruhe haben, sondern auch, weil die Praxis frei ist von jeglichem religiösen Inhalt.«[28] So hat man es halt gerne bei der unverbindlichen westlichen Sinnsuche: ein bisschen exotische Spiritualität wäre schön, aber bloß nichts mit Religion und so. Das Fachblatt »Mallorca Zeitung« definiert **Mindfulness** als: »Einfach mal nur da sein.«[29] Also auf Mallorca? Nicht unbedingt. Der Artikel präzisiert: »**Mindfulness** [...] bedeutet, sich selbst und die Dinge um uns herum zu akzeptieren, sein zu lassen.« Was nehmen wir daraus mit? Richtig: die unachtsame Verwendung sein zu lassen.

mittelprächtig 💬 Wenige Adjektive beschreiben sich selbst so treffend wie das umgangssprachliche **mittelprächtig**. Mit *Pracht* bezeichnet man die durch großen Aufwand erreichte starke, strahlende Wirkung einer Sache. So eine *Pracht* ist ohne Fehl. Sie ironisch abzustufen und abzuschwächen, um mit ihr Mittelmäßiges zu ahnden, funktionierte nur, als dieser **mittelprächtige** Scherz noch jung war. Das war er aber leider nur kurzfristig, nicht mittelfristig, und inzwischen befinden wir uns längst im langfristigen Bereich. Je öfter man ihn zu hören bekommt, desto stärker fühlt man sich an den althochdeutschen Ursprung der *Pracht* erinnert: *praht* hieß »Lärm« und war verwandt mit dem Verb *brechen*.

Moralkeule 🗣️ 📺 🍺 Der Vorwurf, die **Moralkeule** zu schwingen, wird meistens von solchen Menschen erhoben, die von Keulen mehr wissen als von Moral. Allerdings nicht viel mehr, denn sie können offenbar die Keule nicht von subtileren Werkzeugen unterscheiden; ihnen ist alles Keule, was auch nur ein bisschen nach Moral klingt. Egal ob Kreuzfahrten, Klimawandel, Kriegsverbrechen – sie wollen sich den Spaß nicht verderben lassen, deshalb wird jeder Hinweis auf damit verbundene Missstände mit dem bewussten Kampfausdruck abgekanzelt. Ähnlich unbeliebt wie diese imaginäre **Moralkeule** ist der »erhobene Zeigefinger«. Aber bitte schön – irgendwie muss sich die Moral doch bemerkbar machen! Oder wollen wir wirklich lieber ganz ohne durchs Leben gehen?

Multitasking 🇬🇧 📅 Können Sie gleichzeitig Kaffee trinken, E-Mails löschen und vom Feierabend träumen? Herzlich Glückwunsch, dann können Sie im Bewerbungsformular einen selbstbewussten Haken neben **Multitasking** machen. Die Fähigkeit, mehrere Dinge gleichzeitig zu tun, war lange Zeit nur im englischsprachigen Teil der Welt bekannt. Den Deutschen ist bislang noch kein eigenes Wort eingefallen. Wahrscheinlich liegt es am **Multitasking**, denn das macht erfahrungsgemäß alles langsamer, schwieriger und schlechter. Wissenschaftliche Untersuchungen haben ergeben, dass Aufgaben (für die Jüngeren: *Tasks*) schneller und gewissenhafter erledigt werden, wenn sie einzeln und nacheinander bearbeitet werden. Trotzdem bestehen Arbeitgeber weiterhin stur auf der Einstellung von Menschen, die *multitaskingfähigfähig* zu sein haben. Vielleicht weil der Begriff eigentlich aus der Computersprache kommt und man sich insgeheim mehr Maschinen als Menschen im Betrieb wünscht.

Must-have  Das Must-have für das Jahr 2020 ist laut Cosmopolitan »ein toller Blazer«[30]; RTL dagegen behauptet steif und fest: »Dieses Jahr geht es nicht ohne: Die Jeansjacke ist das Must-have in jedem Kleiderschrank.«[31] Und das Online-Magazin »gofeminin« hilft sogar beim Auffinden der angeblich unverzichtbaren Teile: »Wir zeigen euch, welche Taschen 2020 Trend sind und wo ihr die Must-haves nachshoppen könnt.«[32] Sie haben diese Trends verpasst? Keine Sorge – nicht eines dieser Dinge war oder ist von lebenswichtiger Bedeutung, weder im letzten noch in diesem Jahr, weder für Kleiderschränke noch für Lebewesen, auch wenn die englische Werbevokabel **Must-have** (»muss haben«) einem das weismachen möchte. Die Saison-Diktatur der Mode ist ohnehin nur etwas für Menschen, die keinen eigenen Stil entwickeln können oder wollen. **Must-haves** muss man nicht haben; weder das Wort noch die Dinge.

Nachgang In der Amtssprache steht der **Nachgang** für das, was hinterher passiert: »Die Genehmigung erfolgte erst im **Nachgang**.« Sinn und Unsinn der Amtssprache müssten uns Zivilistinnen und Zivilisten nicht weiter tangieren, doch der **Nachgang** ist längst den Amtsstuben entwichen und in Brau-, Schank- und Wohnstuben geschwappt. »Denn wenn gebraut wird, muss vorher, währenddessen und im **Nachgang** viel geputzt werden«, weiß die »Augsburger Allgemeine«[33] und man fragt sich, warum sie nicht »vorher, währenddessen und *hinterher*« geschrieben hat. Aber vielleicht dachte man, die gefundene Formulierung wäre immer noch einfacher als diese: »Denn wenn gebraut wird, muss im Vorgang, im Weitergang und im **Nachgang** viel geputzt werden.« Na, dann prost. Apropos: Die Website des Schweizer Gratis-Magazins »20 Minuten« strickte einmal mit der heißen Nadel diese unwirkliche und sehr ungrammatische Schönheit (inzwischen überarbeitet): »Zum Teil sehr schwere Weine[,] aber in der Frucht, im **Nachgang** unglaubliche [sic] toll im Gaumen.«[34] So lassen wir uns das Wort gefallen, doch halt: Weinkennerin und Weinkenner sprechen hier nicht vom **Nachgang**, sondern vom *Abgang* oder vom *Nachhall*. Damit ist die *Nachhaltigkeit* des Geschmacks gemeint.

nachhaltig ⏲ 🍺 »Das würde [...] auch die Wochenmärkte dauerhaft und **nachhaltig** stärken«[35], mutmaßt »Inka«, das Stadtmagazin für Kunst & Kultur in Karlsruhe, Baden, Pfalz und Nordelsass, in einem Artikel über die dringend gewünschte Aufwertung eines Karlsruher Marktplatzes, der wohl schon bessere Zeiten gesehen hat oder endlich mal bessere sehen sollte. Über den Kreis Karlsruhe hinaus interessant: Die Formulierung entlarvt **nachhaltig**, dass eben jenes Adjektiv zu einer rhetorischen Floskel verkommen ist, die einzig und allein um ihrer selbst willen in jeden Satz geklatscht wird, der noch Platz dafür hat. Dabei hat gerade der zitierte genau das eigentlich nicht, denn wer etwas »dauerhaft« stärkt, der tut dies bereits **nachhaltig**. Selbstverständlich weckt der Begriff **nachhaltig** auch Assoziationen zum Konzept der *Nachhaltigkeit*, laut Wikipedia ein »Handlungsprinzip zur Ressourcen-

Nutzung, bei dem eine dauerhafte Bedürfnisbefriedigung durch die Bewahrung der natürlichen Regenerationsfähigkeit der beteiligten Systeme gewährleistet werden soll«. Kürzer gefasst: Alles öko. Das findet natürlich jeder gut, der sich auch nur ein bisschen um den Erhalt des Planeten schert, auf dem wir wohl bis auf Weiteres noch weiterleben müssen. Dass die Menschen diese *Nachhaltigkeit* gut finden, hat sich in den Kreisen von Werbung, Marketing und Politik herumgesprochen; deshalb wird auf ihr herumgeritten, bis ihre Bedeutung gar nicht mehr zu erkennen ist. Behauptet heute ein Unternehmen, es arbeite **nachhaltig**, dann meint es in erster Linie: »So schnell werdet ihr uns nicht los, hahaha!«

Nazi ★ 🗩 Der **Nazi** ist eine abwertende Bezeichnung für einen Nationalsozialisten (aufzuwerten gäbe es da ja ohnehin nichts), also für einen Anhänger des Nationalsozialismus. Ein **Nazi** ist also nicht jeder, der eine starke Meinung zu einem x-beliebigen Thema hat und diese leidenschaftlich vertritt, wie es uns die Umgangssprache zunehmend weismachen möchte: Sprach-Nazis, Musik-Nazis, Benimm-Nazis, Feminazis überall. Wie viele ironische Umdeutungen mag diese legere Verwendung des Begriffs irgendwann einmal witzig gewesen sein, bevor sie überhandnahm. Lachen konnte man noch über die 116. Folge »Der Suppen-Nazi« der Fernsehserie »Seinfeld«, in der ein strenger Suppenkoch es nicht mag, wenn man in seinem Laden aus der Reihe tanzt: »Keine Suppe für Sie! Kommen Sie in einem Jahr wieder!«[36] Das ist allerdings bald 30 Jahre her. Heute gilt: »Keine weiteren Nazis für irgendwen! Wir haben genug!«

neo- ✌ Neo heißt nicht nur der Typ aus den Matrix-Filmen, es ist auch die Vorsilbe, mit der man in Windeseile alles Gestrige zum letzten Schrei erklären kann. Sie kommt zwar vom griechischen *néos* (»neu«), bezeichnet außerhalb Griechenlands aber nur selten etwas wirklich Neues. Allenfalls alten Wein in neuen Schläuchen, um in antiken Zeiten zu bleiben. Neonazis mögen rosigere Wangen und straffere Backen haben als ihre historischen Vorgänger; innen drin sind sie jedoch genauso braun. Der Neobarock ist genauso barock wie der alte, kam aber erst, als eigentlich alles schon hätte vorbei sein müssen. Manchmal, so scheint es, möchte man mit **neo-** auch andeuten, dass man eigentlich das Gegenteil von dem meint, was danach kommt, zum Beispiel beim modernen Universalschimpfwort ▸ *neoliberal*. Und nicht vergessen: Nach **neo-** kommt die ▸ *post-*.

neoliberal ★ 🍺 📺 Achtung, bitte nicht politisch verstehen, aber: **neoliberal** ist das neue ▸ *Nazi*. Ein Kampfbegriff, der den Debattengegner als debattenunwürdig denunzieren soll. Die Bestandteile des Adjektivs sind leicht zu definieren: *neo* kommt vom altgriechischen *néos* und steht für »neu«; *liberal* heißt »freiheitlich«, nach dem lateinischen *liberalis*. Und doch weiß niemand so genau, was *Neoliberalismus* überhaupt ist. Für die einen ist es eine Verquickung von freier Marktwirtschaft und staatlichem Lenken, für andere ein Euphemismus für *Konservatismus*. Also wäre das Adjektiv dazu so etwas Ähnliches wie das ebenso schwammige, zu nichts Vernünftigem zu gebrauchende Schlagwort *neokonservativ*. Lediglich in einer Sache sind sich alle einig: **Neoliberal** sind immer nur die anderen. Egal, was das heißt. Oder: Alle **neoliberal**, außer Mutti. **Neoliberal** ist eine nebulöse Behauptung, die nie erläutert und selten hinterfragt wird. Es wird höchste Zeit.

No-Brainer ★ 📅 Im Englischen wie im Deutschen bezeichnet man als **No-Brainer** etwas, was leicht zu verstehen ist, oder eine Schlussfolgerung, die offensichtlich ist. Zu-

sammengesetzt aus den englischen Wörtern für »kein« und »Gehirn« tauchte der Slang-Ausdruck erstmals 1959 auf. Fröhliche Urständ feierte er um die letzte Jahrtausendwende; inzwischen entlarvt er im englischsprachigen Teil der Welt all jene, die in Sachen Jargon nicht mehr ganz auf der Höhe der Zeit sind. Anders ist das im deutschsprachigen Raum: Da liebt man sie noch, die **No-Brainer**. Bei uns fühlen sie sich wohl. Dabei ist es gar nicht nötig zu sagen »Das ist doch ein **No-Brainer**!«, wenn man findet, dass der Gesprächspartner oder die Gesprächspartnerin selbst auf etwas kommen müsste. Man kann genauso gut (oder gar besser) sagen: »Das ist doch klar wie Kloßbrühe!« Oder: »Das ist doch offensichtlich!« Oder: »Ein Klacks ist das!« Man muss nur sein Gehirn ein ganz kleines bisschen anstrengen. Schwierig ist das allenfalls für buchstäbliche **No-Brainer**.

No-Go 🖵 🗨 📅 »Was im Kinderzimmer ein **No-Go**, kann im Schlafzimmer wieder Leben in Ihr Liebesleben bringen!«[37], schwärmt »Bild«, und man möchte gar nicht so genau wissen, was gemeint ist. Man schaut aus Sorgfaltspflichtgefühlen trotzdem nach und erfährt, dass es um die Wonnen des *Spanking* geht, also ums Popoklatschen. Darauf erst mal einen starken Schluck, doch halt: »Alkohol ist in dieser Zeit eigentlich ein **No-Go** für Allergiker«[38], warnt der »Merkur«. Der Schein-Anglizismus aus den englischen Wörtern für »nein« und »gehen« bezeichnet ein *Tabu*, allerdings nicht im Englischen. Englische Muttersprachler und Muttersprachlerinnen kennen als *no-go areas* zwar Gebiete, deren Betreten Unbefugten untersagt ist, und verwenden (recht selten) *no-go* umgangssprachlich als Adjektiv für »nicht machbar«, aber das **No-Go** als für sich stehendes Substantiv, das Verbotenes und Unschicklichkeiten bezeichnet, ist eine rein deutsche Erfindung.

Nullwachstum  Manche verstehen wirklich die simpelsten mathematischen Prinzipien nicht. Zum Beispiel all jene, die das Wort **Nullwachstum** im Munde führen, als bezeichne es etwas, das es tatsächlich gibt. Null ist aber gar nichts, und null Wachstum ist kein Wachstum. Liest man: »Der Einzelhandel befürchtet im laufenden Geschäftsjahr ein **Nullwachstum**«, dann heißt das eigentlich, dass der Einzelhandel befürchtet, es wüchse rein gar nichts. Der Begriff **Nullwachstum** klingt, als wolle er vor unbequemen Wahrheiten schonen: Immerhin ist es Wachstum, suggeriert er. Der Einzelhandel allerdings dürfte klug genug sein, die rhetorische Finte zu durchschauen. Genauso wie jeder andere, der weiß, dass nichts plus nichts gar nichts ist.

objektiv Gern fordert man von Journalisten, Journalistinnen und anderen ganz normalen Menschen, sie mögen doch bitte **objektiv** sein, also so von Dingen berichten, als würden diese »unabhängig von einem Subjekt und dessen Bewusstsein existieren«. Man möge sich also selbst als Objekt verhalten. Das aber wird schwierig, denn der Mensch ist keines. Als Subjekt kann er seine Subjektivität nicht einfach ausschalten; das wäre Selbstverleugnung. Jeder Tatsachenbericht ist gefärbt von der Sicht des Berichterstatters oder der Berichterstatterin, und je mehr er oder sie das zu unterdrücken versucht, desto unterschwelliger und hinterlistiger wird die Färbung. Besser ist: Mit offenen Karten spielen und seine Subjektivität schlüssig begründen. Und das auch von anderen fordern, anstatt so etwas Unmögliches wie Objektivität zu verlangen.

Odeur ✌ »Ich liebe das **Odeur** von Napalm am Morgen!«, sagt Lieutenant Kilgore mitnichten im Kriegsfilm »Apocalypse Now«, und man mag mit Recht daran zweifeln, ob der Satz in dieser Version zu einem Filmzitate-Klassiker geworden wäre. Aber selbst wenn: Wer keine durchgeknallte Kunstfigur ist, sollte auch nicht wie eine daherreden. Das französische *odeur* stammt vom lateinischen *odor* (»Geruch«) ab und meint einen Wohlgeruch oder Duft. Und genau da haben wir das wohlklingende Wort, das wir fürs Wiesentollen am Morgen und das Lavendelbad am Abend bemühen sollten, anstatt uns unnötig mit fremdsprachigen Federn zu schmücken. Sonst bekommt der Geruch ganz schnell ein Geschmäckle.

Opfer ★ Das Substantiv **Opfer** hat viele Bedeutungen; alle haben etwas mit Verlust zu tun. Sei es die Gabe, die religiöse Gemeinschaften an Altären darbringen (hoffentlich nur Sachgaben), oder der persönliche Verzicht zugunsten eines anderen (»die Eltern brachten Opfer für ihre Kinder« meint zum Glück meist keine Opfergaben im religiösen Sinne) oder die Person, die durch jemanden oder etwas Schaden erleidet, womöglich tödlichen. Naturkatastrophen, Verkehrsunfälle und Terrorregime fordern solche **Opfer**. Die verdienen Anerkennung und Mitgefühl, womöglich unsere Hilfe und Unterstützung. Was niemand braucht, ist eine Umdeutung des Begriffs zu einem billigen Schimpfwort: »Was fällt dir eigentlich ein, du **Opfer**?!«

-orientiert 🗓️ 📺 🍺 Ohne Orientierung, also eine Ausrichtung, ist mittlerweile gar nichts mehr zu bekommen. »Der neue Inhaber will, wie schon sein Vorgänger, das Unternehmen zukunfts**orientiert** ausrichten«[39], versichert der PR-Text eines Immobilienunternehmens. Wen wundert's; eine Orientierung an der Vergangenheit hat wohl kaum eine beruhigende Wirkung auf Kunden und Anlegerinnen, denn die einen wie die anderen blicken beim Hauskauf nach vorn. Die Salzburg AG ist bei der Planung des öffentlichen Personennahverkehrs zum Glück ebenfalls nicht orientierungslos: »Darum versuchen wir, den Fahrplan möglichst kunden**orientiert**, aber auch wirtschaftlich zu gestalten.«[40] Ob »versuchen«, »möglichst« und »aber« Kunden und Kundinnen überzeugten, bleibt abzuwarten. Aber diese Begriffe passen zum Anhängsel **-orientiert**, denn es ist nichts weiter als ein vages Versprechen, eine ungefähre, unverbindliche Richtungsangabe. Wer sich darauf verlässt, ist verlassen.

Outsourcing 🗓️ Seit dem Jahr 2000 steht **Outsourcing** im Duden, war zu diesem Zeitpunkt also schon eine beliebte Praxis. Das fesche Schlagwort (von den englischen Wörtern für »raus« und »Quelle«: *out* beziehungsweise *source*) meint die Auslagerung von bisher in einem Unternehmen selbst erbrachten Leistungen an externe Auftragnehmer oder Dienstleister. Gern wird es auch als Verb verwendet: »Beim Entenhausener Kreisblatt haben wir die redaktionelle Arbeit *outgesourct.*« Soll heißen: »Wir haben da draußen ein paar Verzweifelte gefunden, die es billiger machen als die internen Mitarbeiter, die wir zuvor halbwegs menschenwürdig dafür bezahlen mussten.« **Outsourcing** hat nie etwas damit zu tun, dass andere es besser können. Es geht nur darum, dass sie es billiger machen. Kann es uns beruhigen, dass es mit *Insourcing* auch einen Begriff für die Umkehrung dieses

Phänomens gibt? Nur bedingt, denn er ist weit weniger gebräuchlich als die Out-Variante.

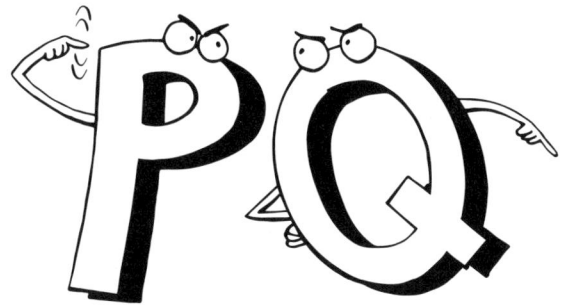

pampern 🇬🇧 Das englische Verb *to pamper* bedeutet »verwöhnen«. Deshalb heißen die berühmten Windeln »Pampers«.
Die verwöhnen wohl irgendwas. Den Kinderpopo, den Eltern-
alltag, das ist interpretationsoffen. 1973 wurde die Pampers in
Deutschland eingeführt und sie ist inzwischen im Deutschen
ein Synonym für die Einwegwindel. Dabei sollte es aber auch
bleiben. Wenn plötzlich Erwachsene Dinge sagen wie: »Dieses Wochenende werden wir uns im Wellnesshotel mal so
richtig mindfull **pampern** lassen«, dann beschwört das ganz
▶ *suboptimale* Bilder herauf.

pathetisch 🇬🇧 Im Deutschen ist etwas **pathetisch**, wenn
etwas voller Pathos (vom griechischen *pathētikós*: »leidenschaftlich«) ist, also übertrieben gefühlig. Das englische
pathetic hingegen hat heute nur noch selten etwas mit Pathos
zu tun hat. Es bedeutet einfach »ärmlich« oder »erbärmlich«.
Dass die Anglofonen dieses Adjektiv außerordentlich gerne
benutzen, wenn sie Umstände und Personen herabwürdigen
wollen, haben inzwischen auch die Deutschsprachigen

mitbekommen und benutzen **pathetisch** immer häufiger wie das englische *pathetic*. Das ist *pathetic*, weil schlichtweg falsch. Aber nicht **pathetisch**, weil ohne Geigen, Operngesang und aufopferungsvolle Sterbeszenen.

performen 🇬🇧 📺 📅

»Was machen Sie von Beruf?« »Ich bin Performer.« »Spannend. Und was macht man da so?« »Performen.« »Und wie performt das?« »Das kommt auf die Performance an.« Mit dem Verb **performen**, vom Englischen *to perform* (»vorführen«), kann man so herrlich nichts oder alles ausdrücken, dass es längst über den Bereich der darstellenden Künste, in dem es zum ersten Mal aufgetreten ist, hinaus benutzt wird. Inzwischen **performen** nicht nur Performer, sondern auch Wertpapiere, Sportlerinnen und Arbeitnehmer. Die ganze Welt ist eben eine Bühne.

Petfluencer 🇬🇧 📺

Manchmal möchte man meinen, gewisse Begriffe werden nur erfunden, um sprachsensible Gemüter zu ärgern. Gerade hatte man sich fast ein kleines bisschen daran gewöhnt, dass Hobbyknipser mit Internetverbindung zu ▶ *Influencern* geadelt werden, da setzt die Fluencer-Szene noch einen drauf: Der **Petfluencer**, eine Komposition aus den englischen Begriffen *pet* (Haustier) und *influencer* (eine Einfluss ausübende Person), ist nicht etwa ein *Insta-Star*, der sich hauptsächlich Haustierthemen widmet, sondern das Haustier selbst, das auf allen sozialen Medienkanälen dauerfeuert. Würde es das tatsächlich selbst mit Schnabel oder Pfote auf dem Smartphone tun, wäre das eine erstaunliche Dressur- oder Evolutionsleistung. Aber natürlich sind es geltungssüchtige Herrchen und Frauchen, die im Hintergrund die Strippen ziehen. Ohne das *in* von *influence* steckt sprachlich nicht mal mehr der Einfluss im **Petfluencer**, sondern nur noch der Fluss. Und das trifft es eigentlich ganz gut: Hier geht es darum, Haustiere flüssig zu machen. Gottlob (gleichwohl schlimm genug) nur im monetären Sinne.

pimpen 🇬🇧 ★ Das Verb **pimpen** hat nur um ein paar Ecken mit dem umgangssprachlichen »pimpern« zu tun, bezieht es sich doch auf den extravaganten Stil einer bestimmten Art von amerikanischem Zuhälter (US-Slang: *pimp*), die vor allem in den Unterhaltungsfilmen der 70er-Jahre anzutreffen ist. Sagt jemand: »Ich habe gestern mal wieder richtig fett mein Auto **gepimpt**«, dann ist das nicht ganz so unanständig und lebensgefährlich, wie man meinen könnte, sondern bedeutet nur, dass man das Fahrzeug »aufgemotzt« hat. Könnte man auch so sagen, aber viele wären halt heute gerne so cool, wie amerikanische Zuhälter es früher ▸ *scheinbar* waren. Spätestens allerdings, wenn man sich mit dem Schminktäschchen auf den Weg macht und ruft: »Tschüs, Mama, ich geh jetzt meine Freundin **pimpen**!«, klingt es doch ein bisschen grenzwertig.

Pipeline 🔢 🇬🇧 Eine **Pipeline** ist eine über weite Strecken verlegte Rohrleitung (so die Übersetzung aus dem Englischen), durch die Erdöl, Erdgas und Ähnliches transportiert wird. Der Transport ist hier der entscheidende Faktor. In der **Pipeline** wird nichts erarbeitet, bearbeitet oder vorbereitet. Und doch meint man in der Arbeitswelt genau das, wenn man behauptet, man hätte etwas »in der **Pipeline**«. Was in einer **Pipeline** ist, sollte jedoch bereits fertig sein und nur noch geliefert werden müssen. Die allgegenwärtige Pipeline in deutschsprachigen Büros ist also nichts anderes als eine ziemlich lange Leitung.

porno ★ »Der Pfarrer im Jugendgottesdienst hat **porno** gepredigt«[41], will »Zeit«-Kolumnist Harald Martenstein seinen

Sohn sagen gehört haben. Man kann wohl froh sein, dass der Pfarrer bloß **porno** mit kleinem »P« gepredigt hat. Manche Jugendlichen wollen uns allen Ernstes weismachen, jenes Adjektiv sei das neue ▸*geil*. (Gemeinhin sind das allerdings nicht jene Jugendlichen, die sich regelmäßig mit Begeisterung Kirchenpredigten ▸*reinziehen*; also darf die Authentizität des Zitats guten Gewissens angezweifelt werden.) Die griechische *pórnē* war eine »Hure«, und wer über Huren schrieb, nannte sich im alten Griechenland *pornográphos* (wie herrlich, dass es dafür ein Wort gibt!), woraus im Deutschen *Pornografie* wurde. Sicherlich kann und darf man über Huren Großartiges schreiben, gleichwohl ist »Über Huren nur Gutes!« kein unumstößliches Gesetz. Schon deshalb dürfte es fraglich sein, ob **porno** ein adäquates Synonym für »großartig« sein kann. Bedenken sollte man auch, dass die Pornoindustrie trotz ihrer modernen, naiven Fernverherrlichung von Nahem betrachtet kein Ort von großer Feierlichkeit und ausgeprägter Freiwilligkeit ist. Liebe Kinder: Porno ist ganz und gar nicht **porno**.

posen ★ 🇬🇧 Wörter aus anderen Sprachen zu übernehmen
kann so schön sein. Als die Deutschen mit dem französischen Verb *poser* liebäugelten, machten sie daraus das possierliche *posieren*. Man hätte daraus auch ein dumpfes **posen** machen können. Reimt sich auf Hosen, worin sich seine Poesie aber auch schon erschöpft. Es schien, als hätte man *posieren* ganz vergessen, als man in jüngerer Zeit aufs englische *to pose* schaute und das Deutsche doch noch sein **posen** bekam. Heißt dasselbe wie »posieren«, allerdings oft (nicht immer) mit abwertendem Beigeschmack. Ein *Poser* ist jemand, der nur so tut als ob. Genauso wie das Wort nur so tut, als würde es etwas ausdrücken, das zuvor nicht ausreichend ausgedrückt werden konnte.

post- ✌ Wenn etwas noch neuer als ▸ *neo* ist, dann ist es **post-**. Im Lateinischen heißt *post* »nach«, was unerwarteterweise nichts mit dem großgeschriebenen Dienstleistungsunternehmen zu tun hat, denn das geht zurück aufs spätlateinische *positum* (»Position«). Die Vorsilbe **post-** ist schneller als die gelbe Post. Die Postmoderne etwa ist moderner als die Moderne, wobei das Modernste an ihr ist, dass sie moderne mit unmodernen Elementen kombiniert. Begrifflich scheint sie derweil so weit in der Zukunft zu liegen, dass man gar nicht richtig erkennen kann, worum es sich bei ihr genau handelt. Die Experten streiten sich, aber über eins sind sich alle einig: Das Wort klingt toll. Irgendwie post-bedeutsam. Oder sogar postpost-bedeutsam.

posten 🇬🇧 Ein *Posten* ist, unter anderem, eine Stelle, die jemandem zugewiesen wurde und die während einer bestimmten Zeit nicht verlassen werden darf. Die *Post* ist ein Dienstleistungsunternehmen zur Beförderung von Briefen und anderem. Weder auf dem *Posten* noch auf der *Post* wird **gepostet**. Das tut man dieser Tage in den sozialen Medien. Mit dem Verb **posten** ist das Veröffentlichen von Inhalten ebendort gemeint. Warum man dafür einen englischen Begriff eindeutschen musste, der nach *Posten* oder *Post* klingt, wo die Tätigkeit doch meistens mobil verrichtet wird und deutlich schneller geht als das Verfassen, Frankieren und Aufgeben von Briefen und Ansichtskarten, gibt Rätsel auf.

Power 🇬🇧 📺 N-tv urteilt unzufrieden über einen Sprinter: »Sein Start war wieder einmal miserabel, im Schlussspurt fehlte ihm die **Power**.«[42] Da hätte der Sprinter mal vorher einen Blick ins Online-Boulevardmagazin »Der Westen« werfen sollen, denn das weiß: »Bananen geben kräftig **Power**.«[43] Ob die oft beschworenen Powerfrauen ihre **Power** vom

Verzehr der beliebten Staudenfrüchte beziehen? Woher die deutsche Sprache sie hat, ist klar: aus dem Englischen. Dort heißt *power* so viel wie »Kraft« oder »Stärke«. Das fand man so stark, dass man im Deutschen zusätzlich ein Verb daraus machte: Es **powert** so sehr aus allen Mündern, dass es einen ganz kraftlos macht. Zugegebenermaßen gibt es auch in der Originalsprache ein Power-Verb. Dort heißt *to power* allerdings nur »mit Strom versorgen« oder »einschalten«. In diesem Sinne: Die deutsche **Power**-Manie bitte abschalten.

Power Nap 🇬🇧 🗓 Das Einschlafen bei der Arbeit als **Power Nap** schönzureden ist schon ein gewiefter Trick. Vielleicht könnte man dieser Unsitte wenigstens ein Schmunzeln abgewinnen, würde man den englischen Begriff in der viel schnuckeligeren deutschen Übersetzung verwenden: *Kraftnickerchen*. Zugegeben, klingt nach Kindergarten. Allerdings ist der **Power Nap** ohnehin etwas, was eher in den Kindergarten als ins Erwachsenenbüro gehört (und selbst in den meisten Kindergärten ist er lediglich den Allerkleinsten vorbehalten). Wenn die Arbeitgeberinnen ihren Arbeitnehmern nicht immer so viele Hausaufgaben aufgeben würden, dass sie nachts nicht genügend Schlaf bekommen, müssten wir uns damit gar nicht befassen.

Präse 🗓 Wenn man Büroangestellten zuhört, scheinen sie nichts langweiliger zu finden, als Präsentationen beizuwohnen, meistens zusammengeschustert mit Powerpoint und abgekürzt als **Präse**. Mit Verlaub: Wenn man seiner Präsentation von vornherein so wenig Liebe und Respekt entgegenbringt, dass man sie als **Präse** deklassiert, dann kann ja nichts Aufregendes dabei herauskommen. Das ist dann aber nicht die Schuld von Powerpoint. Jenes ist nur ein Werkzeug, das man geschickt oder ungeschickt verwenden kann. Genau

wie einen Hammer. Wenn man daneben haut, liegt das einzig und allein an der Denke hinter der **Präse**.

prekär ✌ Eines Tages war plötzlich niemand mehr klamm oder arm; die Betroffenen bestanden nun darauf, **prekär** zu sein, insbesondere Kunstschaffende. Das Bild und Wort vom »armen« Künstler war wohl zu abgenutzt, also musste ein neuer Begriff her, am besten ein schöner alter. Und wo könnte man so einen besser finden als im Lateinischen, wo man sogleich *precari* fand, was »bitten« oder »anrufen« bedeutet. Wer sich in einer **prekären** Lage befindet, so will uns der Wortursprung nahelegen, kommt aus dieser ohne fremde Hilfe schwerlich heraus. Traurig an der neuen Häufung des Adjektivs ist, dass es trotz ansteigenden Gebrauchs an Bedeutungen verliert. Inzwischen assoziiert man mit dem Prekären nur noch das Finanzielle beziehungsweise den Mangel an Finanziellem. Dabei kann so vieles andere im Leben **prekär** sein: das Verhältnis zum Vorgesetzten, die politische Lage, der Familienurlaub im Wohnmobil mit kaputter Klimaanlage. Das anmutige Fremdwort zwischen leichtem Nervenkitzel und echter Gefahr schillert zu schön, um im dunklen Geldbeutel zu vermodern. Als Synonyme bietet der Duden ebenfalls Schönes: *haarig*, *heikel* und *kitzlig*.

Prio 🗓 Bei der Arbeit sollte es oberste **Prio** haben, die Verknappung von Priorität zur Anfangssilbe zu unterlassen. Denn wie man im Büro spricht, so spricht man irgendwann auch auf der Straße. Da hören es womöglich Kinder und sagen bald Dinge wie: »Oberste **Prio** ist jetzt Klingelstreich, Abendessen nur nice-to-have.« Und dabei haben die Kinder dann bereits verinnerlicht, dass diese **Prios** immer häufiger »sind«, während man die guten alten Prioritäten eigentlich »hat«. Die gehen auf das lateinische *prioritas* zurück, was »Vorrang« bedeutet. Der vordere Bestandteil des Wortes »Priorität« ist überdies nicht **Prio**, sondern *prior*. Das heißt »vor«. **Prio** heißt allenfalls »vo«.

Privileg 🗨 📺 Im Lateinischen stand das *privilegium* für eine Sonderverordnung, und im Deutschen hat sich daran – eigentlich – nicht viel geändert. Das **Privileg** beschreibt ein »Vorrecht« oder eine »Sonderregelung«. Ganz erstaunlich ist, was die Menschen darunter verstehen. Die Leidenschaft zum Beruf zu machen sei ein Privileg, hauchen Künstler häufig in Journalistinnenmikrofone, zumindest die einigermaßen erfolgreichen. Jener Menschenschlag schickt dann auch gerne hinterher, dass »Kinder ein Privileg« seien; die noch unschönere Variante der alten Interviewblase »Kinder sind ein Geschenk«. (Spoiler-Warnung: Sie sind weder das eine noch das andere.) Wendet man sich nach so viel Unsinn von den bunten Seiten der Zeitung ab und dem Politikteil zu, liest man immer wieder die Ermahnung, dass »Wählen ein Privileg« sei, das man achten solle. Nein, es ist kein Sonderrecht. Es ist eines unserer Grundrechte, zu denen unter anderem auch die freie Berufswahl gehört. Das Wort **Privileg** korrekt und nur in Maßen zu verwenden ist ebenfalls keines. Das kann und darf jeder. Man muss es nur wollen.

proaktiv 📅 »Mein wichtigstes Ziel ist es, mich **proaktiv** für den ländlichen Raum zu engagieren«[44], zitiert die Website des MDR die CDU-Politikerin Yvonne Magwas. Thomas Steltzer von der Oberösterreichischen Volkspartei versichert zum Thema Digitalisierung: »Oberösterreich kann und will sich dieser Entwicklung nicht verschließen, vielmehr wollen wir sie **proaktiv** mitgestalten.«[45] Was haben die beiden gemein? Sie müssten gar nicht **proaktiv** sein; *aktiv* reicht in diesen wie in allen anderen Fällen, in denen das Fantasiewort **proaktiv** vorkommt, vollkommen aus. *Aktiv* bedeutet laut Duden:

tätig, rührig, zielstrebig, eifrig, unternehmend, tatkräftig. Da muss nichts mit »pro« gesteigert werden.

Qualität ✌ 📺 Das Wort **Qualität**, so scheint es, erreicht dieser Tage eine ganz neue **Qualität**. Leider keine allzu gute. Heißt es in der Berichterstattung über Weltereignisse beispielsweise: »Wir haben es hier mit einer ganz neuen **Qualität** von Gewalt zu tun«, dann muss man sich schon fragen, ob Nachrichtentexte nun von ▸ *Kreativen* aus der Werbebranche geschrieben werden, denn in jener gibt es schon lange Tröpfchen für Tröpfchen Qualität. Zwar meint das Wort **Qualität** im ursprünglichen Sinne (vom lateinischen *qualitas*) tatsächlich ganz wertfrei »Eigenschaft« oder »Beschaffenheit«. Doch im alltäglichen Gebrauch hat sich die Vorstellung durchgesetzt, dass **Qualität** immer etwas Gutes ist. Wie aber ist dann eine neue **Qualität** von Gewalt, von Ignoranz, von Datenmissbrauch zu verstehen? Gar nicht, denn diese Dinge und viele mehr sind nicht gut, weder in neuer noch alter Ausführung.

Radar 📺 Jeder Büroangestellte darf sich heute wie ein kleiner U-Boot-Kapitän fühlen, wenn er sagt: »Das habe ich auf dem **Radar**.« Diese Floskel, die meint, dass man etwas im Blick

und damit unter Kontrolle hat, sollte man torpedieren. **Radar** ist ein Akronym, das für *radio detection and ranging* (in etwa: »funkgestützte Ortung und Abstandsmessung«) oder *radio direction and ranging* (»funkgestützte Richtungs- und Abstandsmessung«) steht. Man ortet etwa feindliche Flugzeuge im Kriegsfall oder entgegenkommende Schiffe, um Kollisionen zu vermeiden. Was man bei so einem Radargerät auf dem ▸ *Schirm* hat, ist allerdings meistens ziemlich abstrakt, mitunter interpretationsoffen. In der Arbeitswelt sollte man nach Möglichkeit klarer sehen.

realisieren 🗩 🇬🇧 Man kann auf zwei Arten etwas **realisieren**, denn das Verb bedeutet einerseits das Umsetzen von Ideen in die Tat, andererseits das Begreifen von Umständen als Resultat eines erfolgreichen Denkprozesses. Diese doppelte Bedeutung teilt es mit dem englischen Verb *to realise* (amerikanisch: *to realize*). Jedoch unterschied sich der deutsche vom englischen Ableger des lateinischen *realis* (»wirklich«) zunächst durch eine gewisse Spezialisierung. Das deutsche **Realisieren** war eher auf das Handeln bezogen: »Ich **realisiere** meinen Traum vom Sommerhaus am Strand.« Das englische hingegen auf den Geist: »I realise it's time for tea.« (Oder in der amerikanischen Schreibweise: »I realize it's time for a Coke.«) Also: »Mir ist klar, dass es Zeit für einen Tee bzw. eine Cola ist.« Da allerdings inzwischen viele Deutsche ihre Sprache und die englische nicht mehr auseinanderhalten können oder mögen, **realisieren** sie von Tag zu Tag mehr und meinen damit fast ausschließlich, dass sie etwas begreifen. Nur begreifen sie nicht, dass dabei die ursprünglich dominante Bedeutung von **realisieren** abhandenkommt und wir uns unbemerkt eine weitere englische Flause angewöhnt haben, die die sprachliche Vielfalt eher mindert als bereichert.

Rechner 📅 💬 An dieser Stelle sei hemmungslos für einen Anglizismus eingetreten: Nennen wir einen Computer einen Computer. Technische Besserwisser, die ihre Computer am liebsten als **Rechner** bezeichnen, werden darauf hinweisen, dass im Inneren der Maschine nun einmal nichts Magischeres passiere als simple Rechnerei; ganz egal, ob man mit ihr gerade eins und eins zusammenzählt oder in »Grand Theft Auto« Gummi gibt. Wahrscheinlich erzählen sie einem dann auch noch, dass da gerade gar keine Autos auf dem Bildschirm in Flammen aufgehen, sondern nur Einsen und Nullen. Oder dass das englische Verb *to compute* eben auch bloß »rechnen« oder »berechnen« hieße, vom lateinischen *computare* (»Konto«). Geschenkt. Was der mächtige Computer heute kann, ist zu beeindruckend, um ihn zum Rechner kleinzureden. Und dass man Besserwissern so ungern zuhört, hat schon seine Gründe.

reinziehen ★ Was man sich nicht alles **reinziehen** kann: eine Bockwurst, eine Flasche Bier, den neuen Almodóvar. Damit wird der Konsum zumindest sprachlich zur rein körperlichen Pflichtübung. Oder hat jemand besonders wohlige, genussreiche Assoziationen, wenn er das Verb **reinziehen** hört? Das zieht man sich eigentlich gar nicht gerne rein. Und mit anderen Dingen vom Lebensmittel bis zum Kunstwerk sollte man es genauso halten.

reporten 📅 🇬🇧 Was machen Reporter? Sie wissen schon, diese Leute mit dem Presseausweis am Hut, dem Notizblock hinterm Ohr und der Kamera mit dem großen Blitzlicht in den Händen? **Reporten** die? Nein, sie »berichten«. Und wenn man seinem Chef etwas erzählt, was der zu wissen berechtigt ist, dann berichtet man ebenfalls. Denn *to report* ist Englisch und heißt »berichten«. Genauso wie ein Report ein Bericht ist. Es gibt bereits deutsche Wörter dafür. Man kann die englischen ganz beruhigt im Englischen lassen; da sind sie bestens aufgehoben.

Respekt (auch: **Respect**) ★ 🇬🇧 Hut ab (vulgo: **Respekt**!) vor der Hip-Hop-Gemeinde und ihren ▸ *Codes* und ▸ *Chiffren*. Mit ihrer Aneignung des vermeintlich altehrwürdigen Begriffs **Respekt** hat sie die schon lange gähnende Leere dieses Anti-Kompliments entlarvt. Man hat **Respekt** vor jedem, mit dem man nicht gerade *Beef* hat. (Dieser Ausdruck für einen Zwist zwischen musikalischen Sprachakrobaten hat in dieses Glossar keine Aufnahme gefunden, weil er eigentlich ganz drollig ist und eingedeutscht tatsächlich nicht nach dem klingt, was es ist. Es wäre extrem missverständlich zu behaupten: »Nach dem Konzert haben Frauenarzt und Tony D hinter der Bühne endlich ihr Rindfleisch begraben.«) Sagt heute einer: »**Respekt**!«, dann meint er eigentlich: »Schluss mit der Debatte, mir ist langweilig.« Und das war schon immer so, auch in der Welt außerhalb des Hip-Hop. **Respekt** ist der Trostpreis, den man bekommt, wenn es für echte Würdigung nicht reicht und man eines ▸ *fetten* Beefs nicht würdig ist. Kein Wunder, dass der lateinische Wortstamm *respicere* eher für »Rücksicht nehmen« als für »anerkennen« steht.

rund 🎬 Vorgesetzte haben es gerne **rund**. »Jetzt läuft es **rund**.« Oder: »Das ist noch nicht **rund**.« Und wenn es dann **rund** ist, beschweren sie sich sofort, dass »irgendwie die Ecken und Kanten fehlen«, an denen man sich »reiben« kann. Sicherlich, das Runde ist ein Bild dafür, das alles läuft bzw. rollt. Doch etwas muss nicht **rund** sein, um sich geschmeidig zu bewegen; man denke nur ans Wasser. Außerdem besteht die Gefahr, dass etwas, das **rund** läuft, sich ausschließlich im Kreis bewegt. Besser: Nicht immer alles *rundmachen*. Was übrigens umgangssprachlich so viel wie »tadeln« oder »maß-regeln« heißt. Und zwar schon viel länger, als es auch als ein »abschließendes Überarbeiten« verstanden werden möchte.

runterbrechen 🗓 🇬🇧 Wer heutzutage etwas **runter-bricht**, schwingt meist weder Hammer noch Abrissbirne, sondern meint damit lediglich, dass er oder sie etwas »zu-sammenfasst« oder »aufs Wesentliche reduziert«. Große Überraschung: Es gibt im Englischen eine entsprechende Redewendung: *to break something down*. Ohne *something* heißt das aber nur, dass man zusammenbricht. Kein Wunder bei so viel Sprachbrachialität.

Schalte 📺 »Unsere Schalte nach **München** steht!« Dass das Personal von Rundfunk und Fernsehen seinen eigenen Jargon hat und gerne **Schalte** statt Schaltung sagt, sei ihm gegönnt. Aber muss ausgerechnet dieses etwas plumpe Beispiel für Eingeweihtenvokabular unentwegt über den Äther in die Empfangsgeräte daheim gelangen? Zumal Video-Live-Über-tragungen inzwischen jeder mit dem Telefon in seiner Hosen-tasche selbst hinbekommt und diese Technik kaum mehr zur Fachsprech-Mystifizierung taugt. Beim sonntäglichen

Skype-Gespräch mit der Familie ruft man schließlich auch nicht jedes Mal begeistert: »Liebe Oma, lieber Opa an den Geräten daheim – wir grüßen euch! Die **Schalte** nach Ulm steht!«

schalten 💬 📺 Nicht nur Schalten und Schaltungen werden **geschaltet**. »Ich habe heute eine Anzeige **geschaltet**«, sagt man, wenn man eine Annonce in der Zeitung aufgegeben hat. Wie kommt man bloß darauf? Wurde während des Vorgangs zu irgendeinem Zeitpunkt ein Schalter umgelegt? Oder kommt es daher, dass man dafür unter Umständen an einem *Schalter* vorbeischauen musste, also einer Diensttheke (dieser *Schalter* kommt übrigens von einem veralteten Begriff für »Schiebefenster«). Dann müsste man allerdings alles **schalten**, was sich an Schaltern zuträgt. Trotzdem sagt man nicht: »Ich habe ein Wochenend-Ticket der Deutschen Bundesbahn **geschaltet**.« Nicht mal: »Ich **schalte** gleich eine Anzeige wegen Erregung öffentlichen Ärgernisses.«

scheinbar 💬 Es war einmal ein kleiner Online-Redakteur, der liebte seine Arbeit so sehr, wie es Menschen nur in Märchen tun, und er hatte reichlich davon. Oft, wenn er morgens im Büro seine E-Mails abrief, sagte er so etwas wie: »Auweia, **scheinbar** gibt es heute wieder viel zu tun.« Sein Chefredakteur, wenn er dies hörte, entgegnete darauf stets mit der Frage: »Du hast also heute *nicht* viel zu tun?« Irgendwann wurde es dem kleinen Online-Redakteur zu bunt und er schlug die Bedeutung von **scheinbar** nach. Etwas ist **scheinbar**, so erfuhr er, wenn es zwar den Anschein hat als ob, tatsächlich jedoch anders ist. Das, was er beim Blick in die E-Mails meinte, war: *anscheinend*. Gefühlte Millionen machen jeden Tag mehrfach denselben Fehler. Doch der

kleine Online-Redakteur machte ihn nie wieder. Und wenn er nicht gestorben ist (ist er nicht), dann schreibt er heute selbst kleine Sprachkritikfibeln, weil er den Menschen anscheinend helfen möchte, nicht in dieselben Fettnäpfchen zu treten wie einst er.

Schirm 🗓️ »Ich hab das auf dem **Schirm**«, sagt man, wenn man beteuern will, etwas nicht zu vergessen. Die Redewendung bezieht sich wohl auf den Bildschirm eines ▸ *Radars*. Konkret ähnelt dieser **Schirm** aber eher dem Bildschirm des Arbeitscomputers, auf dem Dokumente aus den letzten vier Jahren das Desktop-Hintergrundbild vom Inselsonnenuntergang verkleben. An diese denkt man garantiert nicht mehr, obwohl man sie tagtäglich vor der Nase hat. Auf dem **Schirm**, aus dem Sinn.

Schnittstelle 🗓️ 📺 ✌️ **Schnittstellen**, wohin man auch schaut. »Die Arbeit am ▸ *Rechner* ist anspruchsvoll und eine wichtige **Schnittstelle** zwischen Kunden und Floristen«[46], weiß der »Wochen Kurier«. In diesem Zusammenhang gibt der Internetdienst der »Lippischen Landeszeitung« auch zu bedenken: »Hecken sollten an trüben Tagen geschnitten werden, damit die **Schnittstelle** nicht braun wird.«[47] Sogar ganze Länder können Schnittstellen mit wichtigen Aufgabengebieten sein: »Offensichtlich stellt Frankreich eine ideale **Schnittstelle** für den Export von Filmen aus Quebec nach Europa dar«[48], weiß das Online-Magazin »Café Babel« zu berichten (dessen Cookie-Erklärung man übrigens mit einem Klick auf »Ich bin OK damit« bestätigen darf – man weiß manchmal gar nicht, aus welchen Gründen man am meisten gar nicht weiterlesen möchte). Sicherlich gab es einmal eine Zeit, in der nicht jede Sache mit mehr als einem Aspekt gleich als **Schnittstelle** bezeichnet wurde, doch selbst

in die Erinnerung daran kann man sich nicht mehr flüchten, »[d]enn die Erinnerung liegt immer an der **Schnittstelle** zwischen Vergangenheit und Gegenwart«[49], wie die Schweizer »Wochenzeitung« schreibt.

Schreibe 📺 📅 Ein kleines Betriebsgeheimnis, munter ausgeplaudert: Jeder Mensch, der beruflich Texte verfasst und diesen Beruf mit einem gewissen Maß an Würde, Stolz und Anstand ausübt, hasst das Wort **Schreibe**. Etwa so sehr, wie professionelle Fotografinnen das Verb »knipsen« zur Beschreibung ihrer Arbeit hassen. Und, nein, ▶*hassen* ist in diesem Zusammenhang ausnahmsweise nicht übertrieben. Besonders unangenehm dröhnt es in den Ohren, wenn die **Schreibe** auch noch »flott« ausfallen soll. Wer eine »flotte **Schreibe**« hat oder diese Formulierung benutzt, der kann einfach keinen guten Stil haben.

schwul ★ Wie das Adjektiv **schwul** für Männer liebende Männer in die Welt kam, ist nicht eindeutig geklärt. Möglicherweise kommt es tatsächlich vom niederdeutschen *schwul*, einer Vorform von *schwül*, und lehnte sich damit am despektierlichen »warmen Bruder« an. Die Konnotation war ebenfalls lange Zeit nicht eindeutig. Bereits Anfang des 20. Jahrhunderts bezeichneten sich großstädtische Schwule selbstbewusst so, während andere homosexuelle Männer diesen Begriff ablehnten und weite Teile der heterosexuellen Bevölkerung ihn als Schimpfwort verwendeten. Fest steht, dass *schwul* heute die verbreitetste und akzeptierteste Selbstbezeichnung unter den Gemeinten ist. Fest steht außerdem, dass es eine für die Jugendsprache äußerst peinliche Entwicklung ist, **schwul** inzwischen wieder als Schimpfwort zu benutzen – für Homosexuelle und für alles, was einem gerade nicht in den Kram passt. Da sollte man es mit einem Slogan der Partei »Die Partei« halten: »Homophobie? Voll **schwul**!«

Season ★ 🇬🇧 Die Generation »Derrick« sprach von *Staffeln*, die Generation »Game of Thrones« sagt **Seasons**. Warum plötzlich ein neues Wort für ein altes, bestens verschlagwortetes Konzept hermusste, ist nicht ganz klar. Vielleicht wollte man die Hüllen der ausländischen DVD-Boxen schlicht nicht übersetzen. Vielleicht fand man, dass **Season** poetischer klänge, steht es doch im Englischen nicht nur für eine Abfolge von Fernsehserienfolgen, sondern auch für die Jahreszeit. Da aber im Zeitalter des zeitversetzten Fernsehens und des ▶ *Binge-Watching* Staffeln weniger denn je an bestimmte Jahreszeiten gekoppelt sind, kann man eigentlich bei dem Begriff bleiben, den auch die Älteren verstehen.

sexy 🇬🇧 📺 🔞 Wir wollen nicht darüber klagen, dass das Deutsche das Adjektiv **sexy** aus dem Englischen übernommen hat. Sicherlich hätte man sich für »sexig« entscheiden können, doch das klingt deutlich weniger **sexy**. Und genau da haben wir das beklagenswerte Problem: Mit **sexy** wird inzwischen jeder Unfug geadelt, der rein gar nichts mit sexueller Attraktivität zu tun hat, die das Wort eigentlich beschreibt. Etwa: »Das neue Businessmodel finde ich **sexy**.« Nein. Solange das Businessmodel nicht Bikini trägt oder einen Sixpack aus Muskeln aufzuweisen hat, sollte man ein anderes Adjektiv finden, um es zu preisen.

Shitstorm 🇬🇧 📺 Der **Shitstorm** ist ein relativer Scheinanglizismus. Das Wort, dessen Übersetzung an dieser Stelle ausnahmsweise nicht ausbuchstabiert werden soll, existiert im Englischen durchaus, beschreibt dort aber ganz allgemein eine unangenehme Situation und nicht, wie im Deutschen, ausschließlich eine unangenehme Situation, die durch vielzählige Anfeindungen im Internet zustande kommt. Anders als im Deutschen ist der Begriff im Englischen auch in erster Linie unter Pennälern verbreitet und wird nicht etwa von politischen Führungskräften in öffentlichen Reden in den Mund genommen. Die große Verbreitung des Wortes **Shitstorm** in Deutschland führte in der britischen Presse bereits zu Mutmaßungen über eine Analfixierung der Deutschen. Darüber kann man als Betroffener empört sein. Oder einfach besser aufpassen, was man sagt.

Sinn (der gemachte) 🗨️ 🇬🇧 Sprachästheten müssen nun ganz tapfer sein:

Es wird sich wohl nicht mehr verhindern lassen, dass im deutschsprachigen Raum auch weiterhin etwas **Sinn »macht«**. Wir werden diese Katze nicht zurück in den Sack bekommen. Sie kratzt, krallt und faucht: »Ich will da nicht rein! Das **macht keinen Sinn**!« Egal wie oft wir darauf hinweisen, dass es sich um eine faule Floskelübernahme aus dem Englischen handelt (»it makes sense«), ähnlich dem blasierten »nicht wirklich« (»not really«, auf Deutsch früher: »wohl kaum«). Egal wie oft wir darauf hinweisen, dass abstrakte Konzepte wie **Sinn** im Deutschen nicht **gemacht** werden, sondern sich *ergeben* oder *gehabt* werden oder einfach *sind*, so man daraus ein Adjektiv macht (»sinnvoll«). Trotzdem wollen wir weiterhin auf diese traditionellen Formulierungen der Sinnvermittlung hinweisen, damit sie zumindest gelegentlich als Alternativen zum **Sinnmachen** gebraucht werden: Das *ergibt* Sinn, das *hat* Sinn, das *ist sinnvoll*. Übrigens: Auf manche banale Frage muss man gar nicht mit so großen Konzepten wie dem Sinn antworten. Ein einfaches »Ja« oder »Stimmt« tut es in den meisten Fällen auch, in denen Dampfplaudertaschen gern zu »Das **macht Sinn**!« greifen.

situationselastisch 🍺 📺 2014 wurde **situations-elastisch** in Österreich zum Wort des Jahres gewählt, weil sich damit ein Nicht-Festlegen auf augenzwinkernde Art ausdrücken ließ. Doch selbst österreichische Augen zwinkern nicht ewig, und inzwischen wird das Wort nicht nur ohne jede Ironie verwendet, sondern auch völlig bedeutungs-elastisch. So schreibt die Gratis-Zeitung »Heute« über ein Theaterstück: »Rasant, schlüpfrig und dabei so **situations-elastisch** komisch[,] als hätte Hitchcock himself Regie geführt!«[50] Wahrscheinlich wusste nicht mal der Redakteur himself, was gemeint ist. Müssen wir vielleicht mal die alte Ulknudel Hitchcock fragen.

slowburn 🇬🇧 ★ Wie nennen moderne Kritiker erzählerische Werke, in denen Hunderte Seiten beziehungsweise minutenlang gar nichts passiert, und zum Schluss werden plötzlich alle brutal abgeschlachtet? Dramaturgisch ungelenk? Langweilig? Nein, das hat man früher gesagt. Heute heißt es **slowburn** (englisch für »langsam brennen«), was wohl für unterschwellige Spannung stehen soll. Aber schon »unterschwellige Spannung« ist meist nur ein Euphemismus für »kreuzlangweilig«, wenn wir ehrlich sind. **Slowburn** ist das Gegenteil von:

spannend 🗩 Offenbar fehlt es uns an Spannung, deshalb wird einfach welche herbeifantasiert. Und zwar in jedem Satz, in den noch ein Adjektiv passt: »Das ist ein **spannendes** Projekt.« »Asiatisch kochen finde ich total **spannend**.« »Meine Oma hat gestern was ganz **Spannendes** gesagt.« In dieser Alltagsverwendung bedeutet **spannend** nicht mehr **spannend** (also sinnbildlich »fesselnd«), sondern »irgendwie interessant«, was nur mit gutem Willen als äußerst milde Vorstufe der ursprünglichen Bedeutung aufgefasst werden kann.

Spoiler 🏴󠁧󠁢󠁥󠁮󠁧󠁿 ★ 📺 Der **Spoiler** war schlimm genug, als es ihn nur als aerodynamisches Bauteil an Kleinwagen gab, die so taten, als wären sie Rennautos. Seit damit auch eine Information gemeint ist, die wesentliche Handlungselemente eines erzählerischen Werks vorwegnimmt, ist der **Spoiler** (englisch:»Verderber«) zum roten Tuch für all jene geworden, die den Plot zum Goldenen Kalb erhoben haben, vermutlich weil so vielen modernen erzählerischen Werken alle anderen Qualitäten abgehen. Schreibt einer: »Sein neuestes Abenteuer führt den Geheimagenten James Bond unter anderem in die Karibik ...«, schreit garantiert ein Unzahl vermeintlicher Fans: »Karibik? Geheimagent? Was fällt dir ein?! Du hättest ›**Spoiler**-Warnung‹ sagen müssen! Jetzt ist der Film RUINIERT!« Selbst im »Literarischen Quartett« wird dieser Tage herumgedruckst, wenn es um simple Inhaltsangaben geht. Der Plot mag als zentrales erzählerisches Element überbewertet sein, doch kann von Literatur schwerlich sprechen, wer über ihre Inhalte gänzlich schweigen muss. So verkommt die Diskussion zum Austausch nichtssagender Allgemeinplätze: »Fand ich eigentlich ganz gut.« »Fand ich jetzt nicht so gut.« Falls selbst das zu viel verrät, wählt man vielleicht einen weniger aufgeladenen, ambivalenteren Begriff als *gut*: »Der neue Houellebecq ist mal wieder ▸ *kranker* Scheiß.«

sporteln 💬 »Ich geh **sporteln**«, sagt man vor allem in Süddeutschland und Österreich, wenn man irgendetwas zu tun gedenkt, was mehr körperlichen Einsatz erfordert, als in der Tram zu granteln oder über einer Brotzeit zu ratschen. Bei aller Liebe zu regionalen Sprachfärbungen: **Sporteln** klingt albern und ist unkonkret. Tut man dem Körper und Geist etwas Gutes, darf man das ruhig benennen. Wenn man indes nicht weiß, welchen Sport man da genau betreibt, dann ist es vielleicht gar keiner. Dann ist es vielleicht nur ein Sportelchen.

sportlich 📅 Liebe Entscheiderinnen und Entscheider, beim Q4-Umsatz deutlich über dem Vorjahresergebnis abzuschließen ist kein »**sportliches** Ziel«. Einen Hochsprungrekord zu knacken ist ein **sportliches** Ziel. Auch ein Zeitplan ist nicht **sportlich**, es sei denn, er bezieht sich auf einen Trainingsplan. Für manchen ist allein der Weg ins Fitnessstudio ein **sportliches** Ziel, denn manchmal kann der Weg durchaus das Ziel sein, wenngleich bei Kalenderblatt-Wohlfühlsprüchen eine gesunde Skepsis selten verkehrt ist. Geschäftliche Herausforderungen derweil sind stets geschäftliche Herausforderungen. Nicht jeder Kollege ist ein Sportsfreund und muss deshalb auch nicht tagtäglich aufgefordert werden, doch noch einer zu werden,

Storytelling 🏴 📺 »Dort Stahltanks zu lagern wäre schönes **Storytelling**«, will ein Brauerei-Chef dem Magazin »Meiningers Craft«[51] weismachen, als er begeistert von seiner Kellerhöhle spricht und damit tief in die Floskelkiste von Vermarktern und Unternehmensberaterinnen greift. Für die ist **Storytelling**, wenn mit vermeintlich ▸ *authentischen* Bildern und Informationen über Produkte und Unternehmen potenzielle Kunden emotional ▸ *abgeholt* werden sollen. Eigentlich heißt **Storytelling** aber »Geschichtenerzählen«, und tatsächlichen Geschichtenerzählern graust es vor der Entführung dieses Wortes durch die Marketingabteilung. Stahltanks im Keller sind nur Metallgefäße im Tiefgeschoss, daran ändert selbst das verschwurbeltste Banaldeutsch der gedoptesten PR-Strategen nichts.

Strukturen 🐌 Leben Sie noch in Familien, Gesellschaften oder Verhältnissen? Oder leben Sie schon in **Strukturen**? Ab einem gewissen eingebildeten Bildungsgrad sollten es die Letzteren sein. Da muss man sich nicht festlegen, was man ganz genau meint, und es klingt trotzdem sehr intelligent. **Strukturen** sind überall. **Strukturen** können alles sein. Aber gänzlich zu trauen ist ihnen nicht. Der elitäre Sprachgebrauch fordert, dass man **Strukturen** durchschaut, überwindet, aufdeckt oder aufbricht, wo immer man ihnen begegnet. Der Begriff hat etwas Strenges und Restriktives, dabei meint das lateinische *structura* nur eine Zusammenfügung oder eine Ordnung. Das muss doch nicht von Übel sein, solange man nicht zwanghaft unordentlich ist.

Stubentiger 🗨

Wer nach der ▸ *Gerstenkaltschale* mit dem ▸ *Drahtesel* nach Hause radelt, begrüßt dort wahrscheinlich erst mal seinen **Stubentiger**. Ein Tiger ist zwar immer eine Katze, umgekehrt ist das allerdings nicht zwingend der Fall. Sicherlich ist die Bezeichnung witzig gemeint. Aber wie witzig ist sie wirklich? Probieren Sie das Wort bitte an Ihrer eigenen Katze aus und achten Sie dabei genau auf deren Gesichtsausdruck, dann haben Sie einen guten Anhaltspunkt.

ein Stück weit 🗨

Ein Stück weit hätte man schon damit gerechnet, dass diese Floskel irgendwann einmal ausstirbt. Dass die Menschen zur Besinnung kommen und wieder »ein bisschen« sagen, wenn sie genau das meinen. Aber das war vielleicht **ein Stück weit** zu viel der Hoffnung.

stylish ⬠ 🇬🇧 🗨

Bei wenigen Wörtern klafft die Schere zwischen Bedeutung und Klang so weit auseinander wie beim Adjektiv **stylish**. Es soll mondän und modern klingen, von Stil und Eleganz berichten, kommt aber dahergetrampelt als Anglizismus der primitivsten Sorte, mit Gewalt aus einer Sprache gerupft und in die andere gestopft. Wer **stylish** sagt, der hat Stil nicht verstanden.

suboptimal 📺 📅 💬 »Für die Partei und ihren Spitzen-kandidaten Martin Schulz läuft es ohnehin schon **sub-optimal**«[52], weiß das »Solinger Tageblatt« im August 2017. Der »Stern« rät angehenden Karrieristen und Karrieristin-nen: »Wenn Ihr Check ergibt, dass das Zeugnis **suboptimal** ist, sollten Sie aktiv werden.«[53] Die Schweizer »Weltwoche« präzisiert: »Auf der anderen Seite ist ein Bordell als Referenz bei der Suche nach einem regulären Job eher **suboptimal.**«[54] In keinem dieser Fälle ist gemeint, dass die beschriebenen Umstände ein wenig weniger gut als *optimal* (also »bestmög-lich«) seien. Sie sind *schlecht*. **Suboptimal** ist *schlecht*.

sukzessiv(e) ✊ 📺 💬 »Die Zusammenarbeit zwischen Usbekistan und Japan entwickelt sich **sukzessiv**«[55], vermeldete die Nationale Presseagentur Usbekistans im September 2012 auf ihrer Website und war damit wahrlich nicht das einzige Presseorgan, das **sukzessive** Entwicklungen ausmachte. Aber wenn nicht **sukzessiv** (»schrittweise«), wie sollten denn Ent-wicklungen sonst vonstattengehen? Das **Sukzessive** liegt in der Natur von Entwicklungen. Das heißt nun nicht, dass das Adjektiv gänzlich überflüssig wäre. »L'Essentiel« aus Luxem-burg freut sich: »Die Polizei nutzt derzeit nur einen mobilen Blitzer, doch [...] sollen fünf weitere **sukzessiv** in Betrieb ge-hen.«[56] Die fünf Blitzer gehen also nach und nach in Betrieb und nicht alle auf einmal. Allzu oft muss allerdings **sukzessiv** als Füllfremdwort herhalten, das aus Prestigegründen in Sätze geklatscht wird, die ohne es genauso gut oder besser funktionieren würden. Man sollte **sukzessive** damit aufhören. Oder sogar ganz plötzlich.

super ⭐ 💬 Das lateinische **super** heißt unter anderem »oben«, und weiter oben als **super** gibt es nichts. Nichts ist superer. **Super** ist bereits am superstem. Deshalb gilt es sich gründlich zu überlegen, ob man wirklich jedes Alltagserlebnis mit diesem Adjektiv beziehungsweise Präfix adeln möchte. »Heute **super**lecker Pizza gegessen.« »Gestern einen **super** Film gesehen.« »Morgen wollen wir **super**geil Party machen.« Solange Pizza, Film und Party nicht in die Geschichtsschreibung eingehen werden, kann man sie auch etwas kleiner preisen. Oder, wenn die Euphorie des Augenblicks das nicht zulässt, zumindest abwechslungsreicher.

supi ★ In den 70er-Jahren konnte man aus den deutschen Lizenzausgaben der Superman- und Batman-Comics sogenannte Supie-Punkte ausschneiden (aus heutiger Sicht natürlich ein Alptraum für Comic-Kapitalanleger) und sie, per Briefpost eingeschickt, im Supie-Shop gegen Superhelden-Merchandising-Artikel eintauschen; etwa Batman-Pappmasken (leider nicht sonderlich ▸*wertig*) oder lebensgroße Wonder-Woman-Türposter (ein Traum für jeden Heranwachsenden). Supie war selbstverständlich der Kosename für Superman und damit viel erfreulicher als das moderne **supi**, die alberne Verniedlichung des Adjektivs ▸*super*, das man ebenfalls gern etwas sparsamer streuen dürfte, so man nicht gerade von Helden oder Heldinnen mit außergewöhnlichen Begabungen spricht.

Synergieeffekt 🗓 Der **Synergieeffekt** war vielleicht der Urknall des modernen Arbeits- und Wirtschaftsjargons. Auf jeden Fall setzte er große Mengen heißer Luft frei. Kommend vom griechischen *synergeīn* (»zusammenarbeiten«), bezeichnet **Synergieeffekt** die bahnbrechende Erkenntnis, dass man bessere Ergebnisse erzielt, wenn man mit anderen zusammenarbeitet. Das ist auch die Botschaft jedes zweiten Kinderbuchs. Aber wahrscheinlich findet ein Seminar namens »Zusammenarbeiten ist gut« weniger Interessierte als eines namens »**Synergieeffekte** in Unternehmensstrukturen effektiv nutzen«.

systemrelevant 🍺 🇬🇧 Schnell noch dieses Buch zu Ende schreiben, bevor die nächste ▸*Krise* kommt. Denn dann wird nur noch danach gefragt, welche Berufsgruppen **system-relevant** (aus dem Englischen: *systemically important*) sind, also die Gesellschaft in einer Weise stützen, die es ihr erlaubt, die Wirtschaft brav am Laufen zu halten. Dazu gehören keinesfalls nur die üblichen Großkopferten, sondern laut Verordnung der Landesregierung Nordrhein-Westfalens auch Erntehelfer, Saisonarbeiterinnen und Entstörungstechniker. Allerdings keine Schriftsteller, Künstlerinnen und sonstige Luftikusse, die chronisch unwirtschaftlich arbeiten. Die sind nicht **systemrelevant**, sondern allenfalls *nice-to-have*. Der Begriff *nice-to-have* hat übrigens keinen eigenen Eintrag in diesem Buch bekommen, obwohl er themenrelevant wäre. Vielleicht beim nächsten Mal. Wenn das System ein nächstes Mal zulässt.

Tattoo ★ Eine *Tätowierung* war das Herz mit Anker, das Opa sich aus Sehnsucht oder Langeweile auf seinem Hochseetörn stechen ließ. **Tattoos** hingegen bezeichnen die asiatischen

Schriftzeichen (oft in Asien gänzlich unbekannt) und anderen permanenten Dekoelemente, von denen Opas Enkel seit dem ausgehenden 20. Jahrhundert überzeugt sind, dass sie, wenn sie Opas Alter erreicht haben, noch genauso davon überzeugt sein werden. Man mag argumentieren, dass der Begriff *Tätowierung* bereits ein Anglizismus ist, eine etwas steife Eindeutschung des englischen *tattoo*, welches seinerseits auf das tahitische *tatau* zurückgeht (womit wir wieder bei Großvaters Törn wären). In Tahiti werden selbstverständlich keine chinesischen Vokabeln oder tribale Tentakel tätowiert, sondern Familienereignisse, Talismane und Schutzgeister. Warum also nicht gleich das englische Original verwenden, quasi als Rückbesinnung aufs Ursprüngliche? Genau an der Kluft zwischen *Tätowierung* und **Tattoo** teilt sich Freud und Leid der Anglizismen: Die *Tätowierung* ist ein liebenswerter, schöpferischer Anglizismus mit eigener, heimatsprachlicher Identität. Das **Tattoo** hingegen ist lediglich eine von viel zu vielen gedankenlosen, faulen Übernahmen, motiviert von einer falsch verstandenen Auffassung von internationaler Coolness. Die Coolness-Verständnisschwierigkeiten setzen sich übrigens fort in der immer beliebter werdenden Betonung auf der ersten Silbe anstatt der zweiten im deutschen **Tattoo**-Talk.

Teamgeist ⏱️ 🇬🇧 Die meisten Menschen in westlichen Zivilisationen glauben nicht an Gespenster, und dennoch wird allerorten mit heidnischem Eifer der **Teamgeist** beschworen. Besonders in der Firma sollen alle von ihm durchdrungen werden, auf dass sie zu einer spirituellen, fleißigen Arbeitseinheit verschmelzen, in der das eigene Denken, Empfinden und Wollen keinen Platz mehr hat. Menschen, die sich auch mal allein beschäftigen können, haben ein Synonym für **Teamgeist**, das nicht im Duden steht: Gruppenmief.

Teamplayer 🗓️ 🇬🇧 Wie nennt man einen, in den der *Teamgeist* eingefahren ist? Genau, einen **Teamplayer**. Wortwörtlich übersetzt heißt der englische Ausdruck nichts anderes als »Mannschaftsspieler«. Gemeint ist einer, der sich besonders gut von seinem Umfeld assimilieren lässt. **Teamplayer** muss heute jeder sein, der sich erfolgreich in der Arbeitswelt behaupten möchte. Von so einem **Teamplayer** wird natürlich auch verlangt, dass er »selbstständig arbeiten« kann. Das passt nicht zusammen? Am besten gleich selbstständig bleiben.

To-Do 🇬🇧 🗓️ Der Begriff **To-Do** tauchte in der englischen Sprache vermutlich im Jahr 1576 zum ersten Mal auf und bedeutete so viel wie »unnötige Aufregung«. Im Deutschen ist der Begriff noch nicht ganz so lang gebräuchlich, ist aber in der Bedeutung nicht allzu weit vom Original entfernt. Was auf einer **To-do**-Liste steht, schien im Moment der Niederschrift ungemein pressierend, wird allerdings danach bloß so lange aufgeschoben, bis es irrelevant geworden ist und endlich wieder gelöscht werden darf.

Tonalität 📺 🎙️ 🎹 In der Musik, da hat die **Tonalität** ihren Platz; dort bezeichnet sie die Bezogenheit von Tönen, Klängen und Akkorden auf die Tonika der Tonart, in der ein Musikstück steht. Man glaubt es gar nicht, wie musikalisch unsere Politiker heutzutage sind. »Wolfgang Schäuble lässt schon erkennen, auf welche **Tonalität** er als Präsident setzt«[57], tönte die »Frankfurter Allgemeine Zeitung«. Der Schweizer Politiker Gerhard Pfister flötete in der »Basler Zeitung«: »Ich habe gemerkt, dass ich unter Umständen meine Überzeugungen in der Fraktion in einer anderen **Tonalität** einbringen muss.«[58] Da kann er sich vielleicht ein paar Tricks beim Größten Tonalitätsexperten aller Zeiten abhören: »Donald Trump hat die **Tonalität** gegenüber Nordkorea nochmals verschärft«[59], bemerkt »L'essentiel« aus Luxemburg. Gemeint ist natürlich in allen Beispielen schlicht der *Ton*. Darauf hinzuweisen ist eigentlich eine Banalität.

toppen 🗩 🇬🇧 Seit jeher kann man vieles im Deutschen **toppen**, zum Beispiel beim Segeln, bei der Erdöldestillation und beim Golfspiel, denn das Verb findet sich in vielerlei Bedeutungen in allerlei Fachsprachen. Jenseits dieser Milieus heißt **toppen** allerdings nur noch eines: »überbieten«, nach dem Englischen *to top something*. »Das ist nicht zu toppen!«, freut man sich, wenn man meint, dass es besser nicht geht. Dabei geht es sprachlich ganz bestimmt besser. Nicht zu verwechseln ist das englisch inspirierte **toppen** übrigens mit der alten Zustimmungsformel »Topp!« Die geht auf einen Begriff für einen Handschlag aus der niederdeutschen Rechtssprache hervor.

total 🗩 ★ Bevor alles ▸ *mega* war, war es bereits **total** (vom lateinischen *totus*: »gänzlich«). Total ▸ *super*, **total** ▸ *ätzend*, **total** ▸ *kultig*. »Bill, Tom, Gustav und Georg sind **total** frustriert und am Boden zerstört«[60], berichtete »Spaniens Aktuelle Zeitung« 2008 über einen medizinisch bedingten Tourneeabbruch der Band Tokio Hotel beziehungsweise über den Umgang ihrer Mitglieder mit dieser Situation. Dabei hätte der Satz die Kläglichkeit der Lage sicherlich auch ohne den **totalen** Frust erschöpfend eingefangen (noch zerstörter als am Boden geht ja kaum). Man sieht: Der Siegeszug von *mega* hat **total** keineswegs in seine Schranken verwiesen. Im Gegenteil: Gemeinsam richten sie noch mehr Schaden an. So findet man nun am Kiosk ein Heft namens »Rätsel **total**: *Mega* Sudoku«. Auf einem Online-Gastronomiebewertungsportal freut sich eine Nutzerin über ihren neuen Lieblingsitaliener:

»Pizza ist **total** *mega*!« Da muss man sich doch ernsthaft fragen: Wollen wir das **totale** Mega?

toxisch ★ 📺 🇬🇧 Wer steht grimmigen Gesichts draußen vor dem Tore? Es sind die Biologen und Chemikerinnen, sie möchten ihr Adjektiv zurückhaben. **Toxisch** hieß bis vor Kurzem »giftig« im konkreten, biologischen Sinne (kommend vom Pfeilgift, denn das griechische *toxikós* bezeichnet etwas, das mit Pfeil und Bogen zu tun hat). Im Englischen benutzt man das Pendant *toxic* schon seit Ewigkeiten umgangssprachlich für alles, was irgendwie unerfreulich ist. Im Deutschen hat man das lange nicht für nötig erachtet; es gab schließlich schon genügend schöne Wörter für unschöne Dinge. Doch seit einigen Jahren ist auch hier **toxisch** kaum noch im Sinne von echtem Gift (geschweige denn von Pfeil und Bogen) zu bekommen: **toxische** Fußballspiele, **toxische** Wertpapiere und **toxische** Männlichkeit, wohin man schaut. 2003 lud Britney Spears die englische Variante in ihrer Single »Toxic« noch verrucht-positiv auf: Sie umgurrte die Giftigkeit ihres Lovers und bat um baldiges Vergiften. Heute gilt der Song wahrscheinlich selbst als **toxisch**. »Bedenklich«, »gefährlich« oder »kreuzdumm« würden es ebenso tun.

tracken 🔢 🇬🇧 Das »Manager Magazin« rät: »In jedem Fall sollten Sie genaue Vereinbarungen mit den Mitarbeitern treffen, wer wen wie **tracken** [...] darf.«[61] Die »Welt« fragt sich: »Ist es okay, sein Kind per Smartphone zu **tracken**?«[62] Man möchte antworten: In der Sache kommt es auf den Einzelfall an. In der Sprache hingegen wäre es schöner, die Dinge beim Namen zu nennen: Das englisch geborene **tracken** (von *track,* »Fährte«) sollte nicht darüber hinwegtäuschen, dass man hier »überwachen«, »verfolgen«, »nachstellen« meint.

Auch das harmlosere **Tracken** der Bürosprache (»Wir sollten uns committen, die Metrics bis zum nächsten Deep-Dive zu **tracken**.«) kann man anders nennen. »Nachverfolgt« und »protokolliert« wurde schon, bevor alle nur noch **trackten**.

transparent ⬭ 🏛 Das Adjektiv **transparent** ist fast ausschließlich zusammen mit ▶ *nachhaltig* zu bekommen, dafür immerhin im Doppel umso billiger. **Transparent** ist über das Französische aus dem Lateinischen zu uns gelangt und bedeutet »durchsichtig«. Werben Unternehmen heute mit ihrer *Transparenz*, dann wollen sie damit weismachen, dass sie mit offenen Karten spielen. Dass sie nicht vorne Kinderaugen zum Strahlen bringen und hinten Atommüll. Etwas Durchsichtiges allerdings, das weiß man, kann manchmal nahezu unsichtbar sein. So ist bei vielen Firmen gar nicht mehr klar, was man durchblicken soll.

Trash ★ 🇬🇧 Trash ist Kult (siehe ▶ *kultig*), und das ist das Problem. Genauso wie der Kult-Begriff inzwischen durch Überbeanspruchung bedeutungslos geworden ist, so ist mit **Trash** (aus dem Englischen: »Müll«) mittlerweile viel zu vieles gemeint, als dass es in ein und dieselbe Tonne passen würde. Die provokanten frühen Trashfilme eines kompromisslosen Künstlers wie John Waters haben sicherlich nichts gemein mit dem modernen, quotenhörigen **Trash**-Fernsehen à la »Ich bin ein Star – holt mich hier raus!«. Selbst wenn man im Medium Film bleibt, herrscht keine klare Mülltrennung: **Trash** steht sowohl für die besagte Art von Undergroundfilmen, die bewusst bürgerliche Sehgewohnheiten unterwandern und überfordern, als auch für schlicht inkompetent runtergekurbelte Billigmachwerke der ultrakommerziellen Art. Deshalb gehört **Trash** auf die Müllhalde der Jargongeschichte.

Treuepunkte 📺 »Sammeln Sie Herzen?« Die Frage an der Supermarktkasse ist eine klassische Steilvorlage für charmant gemeinte Kalauer, die das arme nachfragende Personal bestimmt etliche Male am Tag zu hören bekommt. Trotzdem ist es schön, sich an der Supermarktkasse mal über Herzen auszutauschen anstatt nur über Wechselgeld, Plastiktüten oder Papierstau im Pfandautomaten. Wie traurig und lieblos sind hingegen die **Treuepunkte**. Gibt es wirklich Punkte für Treue? Sollte Treue nicht eine Selbstverständlichkeit sein? Gut, Treue zum Supermarkt vielleicht nicht unbedingt. Aber vielleicht braucht man dafür dann auch gar kein so großes Wort. Hauptsache, der Scheidungsrichter fragt nicht irgendwann: »Wie viele **Treuepunkte** haben Sie denn gesammelt?«

Trigger ✌ 🇬🇧 Wer sonst keine Probleme hat, der hat **Trigger**. Die Elektrotechnik meint damit ein Bauelement zum Auslösen eines Vorgangs, die Physiologie einen Reiz, der Anfälle und ähnliche Reaktionen auslöst. In der modernen Pop-Psychologie steht der **Trigger** für so ziemlich alles, worüber man sich herrlich, vor allem selbstherrlich, aufregen kann. Wenn einen etwas *triggert*, wie das dazugehörige Verb selbstverständlich heißt, müssen der Auslöser und seine Auswirkung zwar per Definition nicht zwangsweise negativ sein. Trotzdem kommt der **Trigger** heute fast ausschließlich als Reizthema daher; ein Wort, das wohl zu lang und zu deutsch für die Generation Twitter ist. Wer Cowboyfilme am liebsten im Original goutiert, kennt den **Trigger** in erster Linie als den Abzug an Handfeuerwaffen, was gut zur explosiven und kurz belunteten Erregungskultur der Gegenwart passt. Dem Wort einen englischen Ursprung anzudichten wäre derweil zu kurz gedacht. Die Engländer übernahmen es von den Holländern, die dazu *trekker* sagten (weder zu verwechseln mit dem landwirtschaftlichen Nutzfahrzeug *Trecker* noch mit dem Raumschiff-Enterprise-Enthusiasten *Trekker*, für den die Bezeichnung *Trekkie* oft ein **Trigger** ist). *Trekker* heißt wörtlich »Drücker«, obwohl es von *trekken* kommt, was »ziehen« bedeutet. Wie das passieren konnte, ist eine berechtigte Frage, deren Erörterung wir den Holländern überlassen wollen. Vor **Triggern** jedenfalls, so hört man immer öfter, muss vorab gewarnt werden, vor allem in Kunst und Kultur, damit man schon vorher weiß, dass und wie sehr man sich aufregen wird. Vielleicht könnte man die **Trigger**-Warnung zusammen mir der ▶ *Spoiler*-Warnung als Warnungskatalog Kulturprodukten beilegen. In diesem Sinne sollte es Buch, Film und Gesang vielleicht vorsichtshalber nur noch auf Rezept geben. Wer sich über Warnungen vor Kultur herrlich aufregen kann, für den ist natürlich längst der **Trigger** ein **Trigger** geworden.

Tschö-mit-ö, tschüsschen, tschüssi, tschüssli 🗨

Die norddeutsche Grußformel *tschüs* hat einen langen Weg hinter sich vom lateinischen *ade* übers niederdeutsche *adjüs*. So viel Entwicklung kann man nicht aufhalten, da werden wir mit weiteren Inkarnationen rechnen müssen. Einigen allerdings gilt es Einhalt zu gebieten. Keinen Grund gibt es zum Beispiel für Verniedlichungen wie **tschüsschen**, **tschüssi** oder das schweizerische **tschüssli**. *Tschüss* klingt schon niedlich genug. *Tschö* mag als rheinländisches Derivat seine Berechtigung haben, aber als **tschö-mit-ö** klingt es dann doch eher nach Diktat als nach Grußformel. An der Nordseeküste verabschiedet man sich schließlich auch nicht mit: »Tschüss-mit-Doppel-S-beziehungsweise-mit-einfachem-S-oder-nach-alter-Rechtschreibung-mit-ß!«

Überalterung 🍺 Alle wollen sich verjüngen, niemand möchte überaltern. Verständlich, denn das Substantiv **Überalterung** ist eine undankbare Antwort auf in Wirklichkeit bewundernswerte Errungenschaften der Menschheit. Dank medizinischem Fortschritt, besserer Hygiene, ausgewogener Ernährung, menschenwürdigeren Lebensumständen, fließend Wasser und Zentralheizung werden die Leute von heute im Schnitt rund doppelt so alt wie die im Mittelalter. Dafür ein Schimpfwort zu erfinden ist, gelinde gesagt, perfide.

ubiquitär ✌ Durchsucht man das Online-Archiv der Jugendzeitschrift »Bravo« nach dem Wort **ubiquitär**, erhält man keinen einzigen Treffer. Bei der Popkultur-Illustrierten »Spex« sieht das anders aus. Da ist zum Beispiel die Rede von »**ubiquitären** Insignien des Alltagskonsums«[63]. Gemeint sind damit schlicht allgegenwärtige Trendklamotten. Das Wort **ubiquitär** (vom lateinischen *ubique,* »überall«) ist keineswegs **ubiquitär**, also »überall verbreitet«. Zur Förderung der allgemeinen Verständlichkeit sollte man davon absehen, ohne Not zu seiner weiteren Verbreitung beizutragen.

Umstrukturierung 📅 🍺 Wenn Unternehmensvorstände und andere Wirtschaftslenker von **Umstrukturierung** sprechen, dann meinen sie in den seltensten Fällen: »Gute Nachrichten: Wir stellen mehr Kolleginnen und Kollegen ein, um unsere außerordentlich ertragreiche Arbeit noch problemloser erledigen zu können, damit alle etwas früher nach Hause gehen oder länger im bezahlten Urlaub bleiben können.« Stattdessen meinen sie: »Gute Nachrichten: Wir haben bald noch mehr zu tun, weil wir dasselbe Pensum mit weniger Angestellten bewältigen werden müssen.« Auf der Duden-online-Seite zum Stichwort schwebt eine computergenerierte Wortwolke mit Begriffen, die oft im Kontext mit **Umstrukturierung** fallen. Es überrascht kaum, welche das sind. »Einsparung«, »Personalabbau« und »Entlassung« sind selbstverständlich darunter. Ebenso »notwendig«. Denn eines ist klar: Was gut funktioniert, muss nicht **umstrukturiert** werden.

updaten 🏴 📅 Das englische Originalverb *to update* ist wunderbar flexibel. In Bezug auf Dinge und Konzepte kann es »aktualisieren«, »verbessern« oder »modernisieren« bedeuten, in Bezug auf Menschen »jemanden informieren« oder »auf den neuesten Stand bringen«. Aber ist es nicht noch wunderbarer, dass wir im Deutschen für all diese Dinge eigene Wörter und Wendungen haben? Es gibt keinen Grund, sie mittels einer hässlichen eingedeutschten fremdsprachigen Vokabel zusammenzufassen. Sprachliche Verwirrung ist kaum zu erwarten. Beim Wunsch nach mehr Informationen wird niemand versehentlich sagen: »Könnten Sie mich bitte mal aktualisieren?« Dieser Satz wird wahrscheinlich erst fallen, wenn Mensch und Menschmaschine wirklich auf ▶ *Augenhöhe* zusammenarbeiten. Und dann wird er kein Versprecher sein.

126

uploaden 🏴󠁧󠁢󠁥󠁮󠁧󠁿 Der gleiche Unsinn wie ▸ *downloaden*, nur in die andere Richtung. Beim **Uploaden** hat man gegenüber dem *Hochladen* noch nicht einmal einen Zeitvorteil beim Sprechen, falls man mal beim Extrem-Speeddating auf schnellstmögliche Weise von seinen Online-Angewohnheiten erzählen möchte: Beide Wörter brauchen drei Silben, bis sie raus sind. Da kann man dann auch gleich das schönere nehmen.

urlaubsbedingt 📟 Urlaub zu haben und zu machen ist schön. Warum sollte man so etwas Schönes, im Vollzug völlig Unbürokratisches – wenn man es richtig macht, nahezu Antibürokratisches – mit dem leidigen Bürokratieanhängsel *-bedingt* verhunzen? Sie konnten **urlaubsbedingt** nicht an diesem oder jenem *Meeting* (▸ *meeten*) teilnehmen? Quatsch mit Soße! Seien Sie ehrlich: Sie konnten *urlaubsbeflügelt* nicht daran teilnehmen. Oder: *Urlaub sei Dank!*

vernetzen 📟 »Wir sollten uns **vernetzen**«, sagt ein Molekül zum anderen, wenn es mit ihm eine Verbindung eingehen möchte, oder eine Spinne zur Artgenossin, wenn sie sich von einer gemeinsamen Klebefadenkonstruktion mehr Beute verspricht. Möglicherweise ist auch nichts dabei, wenn zwei

Datenbanken auf diese Weise ►*kommunizieren*. Aber wenn beim Getränkeempfang des nächsten Weiterbildungsseminars einem ein menschliches Wesen den sicher gut gemeinten Vorschlag macht, sich zu **vernetzen**, dann sollte man aufrecht dagegenhalten: »Weder sind wir Spinnen noch Rechenmaschinen, und sicherlich mehr als die Summe unserer Moleküle! Gerne können wir Visitenkarten, Wissen und Kontakte austauschen, doch das **Vernetzen** sollten wir den niederen und künstlichen Spezies überlassen.«

verrückt ☐ 🗪
Alte psychiatrische Faustregel: Die wirklich Verrückten haben keine Ahnung, dass sie **verrückt** sind. Folglich gilt: Nur die bodenständigsten Spießbürgerinnen und Spießbürger kommen auf die Idee, sich selbst als »herrlich **verrückt**« oder »ein bisschen **verrückt**« zu bezeichnen und alle naselang zu beteuern, sie würden auch mal »ganz **verrückte** Sachen« machen. Merke: Bungeejumping vom Hamburger Hafenkran, Kettcar fahren im Super-Mario-Kostüm und unter Wasser heiraten ist nicht »total **verrückt**«, sondern offenbar so fest in der Mitte der Gesellschaft verankert, dass man dafür Erlebnisgutscheine im Drogeriemarkt kaufen kann. Warum nicht mal was ganz Verrücktes machen und drauf verzichten?

verschlanken 📅
Reduzieren, verkleinern, abmagern, herabsetzen, schmälern – die Definitionen und Synonyme, die der Duden für das Verb **verschlanken** anbietet, sagen allesamt viel klarer, was gemeint ist, als das Wort selbst. **Verschlanken** hat nichts mit schlank zu tun. Schlankheit ist an sich nicht verkehrt. Ein paar Pfunde weniger würden den wenigsten schaden, solange sie es nicht übertreiben. **Verschlanken** aber markiert genau diese Übertreibung des Schrumpfungsprozesses, wenngleich nicht am menschlichen Körper. Er wolle

»das Unternehmen **verschlanken** und den Marken mehr Verantwortung übertragen«[64], sagte der damalige VW-Chef Matthias Müller nach dem Abgas-Skandal in einem Interview mit der »Frankfurter Allgemeinen Zeitung«[65]. Was Müller meinte, war: »Weniger Mitarbeiter werden zukünftig mehr aufgehalst bekommen.« Im Online-Magazin »Beijing Rundschau« findet sich eine wahre Horrorformulierung zum Themenkomplex Verschlankung: »In den letzten Jahren haben lokale Behörden verschiedene Ansätze verfolgt, um die Bürokratie zu **verschlanken**, Personalkosten zu reduzieren und die *Effizienz* zu erhöhen.«[66] Gemeint: Teure, ältere Arbeitskräfte wurden in den Zwangsruhestand geschickt, dafür bekamen die belastbaren, jungen, preisgünstigen Arbeitskräfte mehr zu tun.

Verschwulung 🍺 Der Schriftsteller Akif Pirinçci schrieb

früher gruselige Katzenkrimis, dann bekam er es selbst tierisch mit der Angst. Eine dieser Ängste war die vor der **Verschwulung** unserer Gesellschaft, womit er ihre Verweichlichung meint. Davon berichtete er in seinem Traktat »Die große Verschwulung«. Ein Schelm, wer das mit der *Verjudung* verwechselte, einem üblen Kampfbegriff der Nationalsozialisten. Pirinçcis Anhänger nahmen die Vokabel dankend auf und hatten fortan ebenfalls Angst, die deutsche Heterosexualität könne sich abschaffen, womöglich aufgrund dunkler Machenschaften einer homosexuellen Schattenregierung. Die **Verschwulung** wurde 2015 vom Online-Magazin »Männer« zum »Schwulen-Unwort 2015« gekürt, was ein bisschen verwundert, denn ein schwules Wort ist es ja nicht gerade. Aber man versteht schon, wie es gemeint war. Die Jury der Aktion »Unwort des Jahres« hieß die Wahl des Magazins gut, kürte 2015 selbst jedoch ▶ *Gutmensch* zu ihrem Unwort. 2015 war einfach ein sehr anstrengender Jahrgang für alle, die mit Sprache am liebsten schöne, oder zumindest vernünftige Dinge sagen.

viral ★ 📺 🇬🇧 »Ja, wo laufen sie denn?«, fragten Loriots Knollenmännchen auf der Rennbahn. Heute müssten sie fragen: »Ja, wie gehen sie denn?« Die Antwort tönt aus allen Kanälen: Sie gehen **viral**. »Das Video zeigt Szenen, die **viral** gehen«[67], bestätigt die »Morgenpost« anlässlich der G-20-Proteste in Hamburg 2017. Ähnliches hört man aus Österreich: »Das Video wurde am Mittwoch auf Facebook hochgeladen und ging seither **viral**«[68], schreibt die Gratis-Tageszeitung »Heute« über inkriminierendes Beweismaterial gegen einen fest liierten Mann, der seine Zweitgeliebte als bloße Sexpuppe ausgeben wollte (fragen Sie nicht). In der deutschen Sprache geht manches **viral**, seit im Englischen *to go viral* dafür steht, dass sich etwas im Internet schnell verbreitet. Vorher stand **viral** im Deutschen für Zustände, die durch Viren verursacht werden (biologische, nicht digitale). Auch das »Gehen« hatten Bilder, Videos und Twitter-Aphorismen noch nicht gelernt, bevor sie es plötzlich zuhauf **viral** taten. Bei so viel Viralem darf man sich fragen: Wie ▶*krank* ist das denn? Aber keine Sorge, es gibt auch gute Nachrichten: »Das Internet ist weniger **viral** als allgemein behauptet«, offenbarte Poptheoretiker Diedrich Diederichsen dem österreichischen Magazin »Profil«.[69] Gut zu wissen, wenn man sich mal wieder längere Zeit zu Hause beschäftigen muss, weil es draußen tatsächlich **viral** zugeht.

Vision 📺 🏛 Wenn ein Ausspruch von Ex-Bundeskanzler Helmut Schmidt bleiben wird, dann sicherlich dieser: »Wer **Visionen** hat, sollte zum Arzt gehen.« In dieser Hinsicht war er vielleicht ein wenig streng, denn das Substantiv, das vom lateinischen *visio* (»sehen«) abstammt, steht im Deutschen zwar durchaus für optische Halluzinationen, aber eben auch für übernatürliche Erscheinungen als religiöse Erfahrung oder Vorstellungen von Zukünftigem. Ganz ohne letztere **Visionen** sollte es in der Politik, in der Kunst, in der Wirtschaft, im Leben nicht zugehen. Und dennoch wünschte man sich, dass nicht jedes x-beliebige Vorhaben gleich zur **Vision** hochgejubelt würde. »Es entstand die **Vision**, Besucher in eine Unterwasserwelt eintauchen zu lassen«[70], schreibt der ORF über den Bau eines öffentlichen Aquariums. Nun ja, möchte man entgegnen, so sind sie nun mal, die öffentlichen Aquarien. Visionär ist das nicht unbedingt. Ebenso wenig wie die sicherlich löbliche Einrichtung eines Wissenschaftserlebniszentrums in Harburg, wie es sie schon an etlichen anderen Orten gibt. Trotzdem freut sich die Website »Harburg aktuell«: »Die **Vision** bekommt Drive.«[71] Dann vielleicht doch mal zum Arzt fahren.

voten ✠ ★ Machen wir es kurz: Es gibt keinen einzigen Fall, in dem man den Vorgang des Wählens mit dem Verb **voten** besser ausdrücken könnte als mit dem Verb *wählen*. Tatsächlich macht die dummdreiste Aneignung des englischen *to vote* viele Satzkonstruktionen eher komplizierter als einfacher. »Wen hast du gewählt?« klingt sicherlich eleganter als: »Für wen hast du **gevotet**?«

Wellenlänge 💬 📅 ✠ 📺 Man muss schon beruflich etwas mit Physik zu tun haben, um wirklich zu verstehen, was eine **Wellenlänge** ist. Wikipedia sagt: »Die **Wellenlänge** [...] einer periodischen Welle ist der kleinste Abstand zweier Punkte gleicher Phase.«[72] In einem Wort: Bahnhof. Trotzdem hört man im Büro, auf der Straße und bei Pressekonferenzen immer wieder, wie Menschen, die nichts mit Physik am Hut haben, einander beteuern, sie würden »ganz auf einer **Wellenlänge**« liegen. Damit ist gemeint, dass sie sich gut verstehen. Obwohl sie bestimmt weniger gut verstehen, was eine **Wellenlänge** überhaupt ist. Seltsam.

Wellness ⚓ 📺 Überall auf der Welt findet man **Well-**

ness-Hotels, sogar in englischsprachigen Ländern – doch würden sie dort niemals so heißen. Anders als andere Scheinanglizismen wie *Handy*, *Beamer* oder *Homeoffice*, die rein deutsche Erfindungen sind, gibt es zwar das Substantiv *wellness* auch im Englischen. Es steht dort allerdings eher für die ganz profane körperliche Unversehrtheit. Im ärztlichen Umfeld hört man den Begriff häufig; dabei geht es dann oft um lebensrettende Maßnahmen und nie um Aloe-Vera-Massagen. Warum man im deutschsprachigen Raum seit über 20 Jahren nicht mehr »Wohlbefinden« (**Wellness** steht seit 1997 im Duden) sagen mag für das, was man meint, ist unklar.

weltberühmt 💬 Tom Cruise ist **weltberühmt**, Lady Gaga

ist **weltberühmt**, der Eiffelturm ist **weltberühmt**, die Rentierzunge im Restaurant Noma ist **weltberühmt**, wenngleich nicht so **weltberühmt** wie der Big Mac von McDonald's. Ganz und gar nicht **weltberühmt** sind der Kartoffelsalat von Uschi, das Chili con Carne von Jonas oder die Altbierbowle in Babsi's Schankstube. Auch wenn man es gerne so sagt: »Oh, du feierst Geburtstag? Dann bringe ich meine **weltberühmte** Mais-Chips-Tunke mit!« Schon klar, dass es ironisch gemeint ist. Aber Ironie darf sich ruhig mal ein bisschen mehr Mühe geben. Besonders, wenn es eine ▶*legendäre* Party werden soll.

wertig 📺 Wenn jedes andere Wort zu konkret ist, wenn ▶*innovativ*, ▶*dynamisch* und ▶*effizient* schon verbraucht sind, dann behilft man sich mit **wertig**. **Wertig** klingt gut und sagt gar nichts. Als Endung drückt -*wertig* eine Nähe zu dem Adjektiv aus, an das es gekoppelt ist: So bedeutet *neuwertig* etwa »so gut wie neu«. Als alleinstehendes Adjektiv hat **wertig** noch nicht mal diese vage Bedeutung inne. Weil der Duden das wertlose Werbewort trotzdem irgendwie definieren musste, steht dort: »einigermaßen hochwertig«. Das scheint fast ein wenig zu viel der Wertigkeit. Doch tatsächlich wäre es erfrischend, setzten Werbung und Industrie diese Definition als Synonym ein. Dann hätte sich 2011 der damalige Adidas-Chef Herbert Hainer folgendermaßen gegenüber der »Wirtschaftswoche« geäußert: »Es hat uns viel Zeit und Arbeit gekostet, Reebok wieder als eine *einigermaßen hochwertige* Marke zu positionieren, für die wir höhere Preise verlangen können.«[73] Genauso hat er es leider nicht gesagt.

Whataboutism 🏴󠁧󠁢󠁥󠁮󠁧󠁿 🍺 Der **Whataboutism** ist das neue Anti-Argument in jeder politischen Diskussion. Zusammengesetzt aus *what about* und *ism*, könnte man ihn auf Deutsch als »Und-was-ist-mit-ismus« übersetzen. Aber der englische Duktus soll hier gar nicht der Hauptkritikpunkt sein. Eigentlich bezeichnet der **Whataboutism** den tatsächlich zu tadelnden rhetorischen Trick, von einem Gesprächsgegenstand abzulenken, indem man das Gespräch auf einen ganz anderen Gegenstand lenkt. Spricht man über Menschenrechtsverletzungen in China, dann ruft der glühende China-

133

verehrer: »Und was ist mit den Menschenrechtsverletzungen in den USA?!« Daraufhin seine Gesprächspartnerin, hoch empört und richtigliegend: »Das ist ein **Whataboutism**!« Das Problem an dieser verführerisch wichtigtuerischen neuen Vokabel ist nur, dass sich heute jeder sofort auf sie beruft, wenn er einer Diskussion überdrüssig wird. Sie wird nicht nur, wie eigentlich gedacht, gegen unzulässige Themenverschleierungen ins Feld geführt, sondern auch, um legitime Themenerweiterungen zu unterbinden. Irgendwann ist es sicher so weit, dass man sich das Wort gegenseitig an den Kopf wirft, bis es noch alberner klingt als ohnehin schon: »Du alter **Whataboutism**!« »Selber **Whataboutism**!« Ja, der **Whataboutism** ist leider zu einem **Whataboutism** verkommen. Das ging schnell.

Win-win-Situation 🏴󠁧󠁢󠁥󠁮󠁧󠁿 📺 Vorsicht ist geboten, wenn

der Verhandlungspartner von einer **Win-win-Situation** spricht. Eigentlich meint der Begriff, der aus dem Englischen kommt (von *to win,* »gewinnen«) und seit 2004 im Duden steht, eine Situation, Gegebenheit oder Konstellation, die für alle Beteiligten Vorteile bietet. Also: »Ich gewinne, du gewinnst.« Ganz eigentlich aber meint derjenige, der das Wort im Munde führt: »Ich gewinne, und du kommst immerhin mit dem Leben davon.«

Wohlfühlbereich 📺 💬 Alle reden vom **Wohlfühl-**

bereich, und jeder meint etwas anderes. »Nach den Behandlungen lädt ein **Wohlfühlbereich** mit Schwimmbad, einer finnischen und einer Infrarot-Sauna sowie einem türkischen Dampfbad die Besucher zum Entspannen ein«[74], schreibt die luxemburgische Tageszeitung »Lëtzebuerger Journal« über eine »▶ innovative Gesundheits- und Wohlfühloase« in Oberfeulen. Hier ist der **Wohlfühlbereich** also ein konkreter Ort, der ▶ *Wellness* verspricht. Radio Bremen hingegen weiß: »Ein weiterer Grund für unangenehme Sekunden im Fahrstuhl: Jeder Mensch hat seinen eigenen **Wohlfühlbereich**, der ihn umgibt.«[75] Es handelt sich hier also um einen Raum im psychologischen Sinne; eine unsichtbare, mobile Abgrenzung um uns herum. Apropos mobil: »Können [Sportler] sich locker unterhalten, laufen sie im **Wohlfühlbereich.**«[76] Hiermit meint der oder die IKZ (»Iserlohner Kreisanzeiger und Zeitung«) nicht, dass zwischen Massagebetten und Dampfbädern gejoggt wird, sondern dass der **Wohlfühlbereich** ein innerer Zustand ist. »... der Himmel ist blau und die Temperaturen steigen endlich in den **Wohlfühlbereich**«[77], jubeln derweil die »Lübecker Nachrichten«. Der **Wohlfühlbereich** lässt sich also eher in Grad Celsius als in Quadratmetern oder laufenden Kilometern messen. Aber Achtung – das Berliner Stadtmagazin »Zitty« fragt den künstlerischen Allrounder Dieter Meier: »War das ein Ansporn, sich aus Ihrem persönlichen **Wohlfühlbereich** herauszubewegen und etwas Neues zu wagen?«[78] Wussten wir es doch: Der **Wohlfühlbereich** ist nichts anderes als die ▶*Komfortzone*. Kann beides weg.

woke ★ 🇬🇧 Bereits seit den 1990ern im Gebrauch, in aller Munde allerdings erst seit der Black-Lives-Matter-Bewegung, bezeichnet das Adjektiv **woke** im Englischen nicht nur jemanden, der konkret aus dem Schlafe erwacht ist, sondern auch jemanden, der sozialen Missständen wachen Auges begegnet. Die Deutschen möchten ebenfalls gerne **woke** sein, deshalb schleicht sich der Begriff unübersetzt und grammatisch ungelenk immer mehr in die deutsche Gegenwartssprache ein. Das geschieht allerdings leicht missverständlich. Wenn beispielsweise von »**woken** Künstler*innen« die Rede ist, dann klingt das eher nach Heim und Herd als ausgeschlafen und am Puls der Zeit. Denn: »Wir können garen und backen, braten, dünsten, dämpfen und *woken*«, begeistert sich die German Barbecue Association zum Thema »Grillen im Garten«[79]. So lassen wir es uns schmecken.

Wording ⬛ 🍺 📅 »Die Ziele der SPD seien richtig, aber

das **Wording** sei veraltet«[80], zitiert die Tageszeitung »taz« die SPD-Politikerin Bilkay Öney. Wahrscheinlich hätten da die älteren SPD-Recken eher von »Formulierung« anstatt von **Wording** gesprochen, und vielleicht hätte genau das das Problem vortrefflich illustriert. Könnte derweil auch sein, dass der Satz mit der deutschen Vokabel viel glaubhafter und viel weniger nach zwangsmodernem Manager-Blabla geklungen hätte, in dem das Wort **Wording** Internationalität und somit Modernität vermitteln soll, obwohl bloß herkömmliche Praktiken wie »Sprachregelungen« oder schlicht die »Ausdrucksweise« gemeint sind.

Work-Life-Balance 📅 ⬛ Die **Work-Life-Balance**, zu-

sammengesetzt aus den englischen Wörtern für »Arbeit« und »Leben« sowie dem französischen für »Gleichgewicht«, sollte das ausgewogene Verhältnis zwischen beruflichen Anforderungen und privaten Bedürfnissen einer Person bezeichnen. Damit ist es eines dieser Worte, die wir gar nicht bräuchten, wenn nicht gesellschaftsübergreifend an diesem Verhältnis etwas im Argen läge. Missstände zu benennen ist selbstverständlich nie verkehrt, doch **Work-Life-Balance** ist ein Begriff, der eher verschleiert als benennt. Denn er sagt nicht, wie viel *Work* und wie viel *Life* es braucht, um ein Gleichgewicht herzustellen. Und warum überhaupt Gleichgewicht? Wäre es nicht erstrebenswerter, die Waage zugunsten des Lebens ausschlagen zu lassen? Die **Work-Life-Balance** ist somit nur ein leeres Schlagwort, mit dem

Unternehmen sich billig einen humanen Anstrich verpassen möchten: »Die **Work-Life-Balance** ist uns ungemein wichtig.« Tatsächlich ist sie der erste Schritt der Arbeitswelt, sich auch noch in unser Privatleben einzumischen. Der nächste Schritt wurde ebenfalls bereits mit einem schneidigen Schlagwort belegt: *Work-Life-Blending*. Dabei wird alles mit allem verquirlt (vom Englischen *to blend*), und man weiß gar nicht mehr, wann man frei hat und wann nur Pause, wer Freundin ist und wer Kollegin.

Zeitfenster 🎞️ »Uns bleibt nur ein enges **Zeitfenster**, bevor wir uns ▶ *committen* müssen!«, sagt der Chef gerne, wenn er es eilig hat und damit nicht allein sein möchte. So ein **Zeitfenster** bezeichnet einen begrenzten Zeitraum oder eine begrenzte Zeitspanne. Aber warum eigentlich? Spannen und Räume sind per Definition eh schon begrenzt und passen zum Konzept der Zeit sehr viel besser als Fenster. In einem Raum lässt sich etwas erledigen. In einem Fenster ist das eher unbequem. Oft kann man durch ein Fenster lediglich zusehen, wie andere etwas erledigen. Oder verträumt hinausschauen, anstatt etwas zu erledigen. **Zeitfenster** könnten derweil ein wunderbares Konzept in der Science-Fiction sein. Man stelle sich vor, was man durch so ein **Zeitfenster** alles sehen könnte, oder wohin man käme, stiege man hindurch. In ein Büro hingegen gehören keine **Zeitfenster.**

zeitgleich 💬 Wörter müssen nicht immer falsch verwendet werden, um gehörig auf die Nerven zu gehen. **Zeitgleich** ist ein eigentlich unschuldiges Lieblingsziel übereifriger Sprachpolizisten und Sprachpolitessen. Diese meinen, sie kennten die Regel: Läuft Peter eine Stunde am Sonntag und Petra eine Stunde am Mittwoch, dann laufen sie **zeitgleich** (nämlich eine Stunde). Läuft Petra am Sonntag von 10 Uhr bis 12 Uhr und Peter am Sonntag von 9:30 Uhr bis 11:00 Uhr, dann laufen sie (eine Zeit lang) *gleichzeitig*, aber keineswegs **zeitgleich** (denn Petra läuft zwei Stunden, Peter nur 90 Minuten). Jedoch ist diese Annahme, dass **zeitgleich** ausschließlich Zeiträume, nicht jedoch Zeitpunkte bezeichne, ein Irrtum. Das Wort ist so flexibel, dass ein Austausch mit *gleichzeitig* sprachjuristisch durchaus zulässig ist. Die Frage ist nur: Muss das sein? Inzwischen droht eine völlig Auslöschung des schönen, weichtönenden Adjektivs *gleichzeitig* durch sein bedeutungsfluides Geschwisterchen. Im aktiven Sprachgebrauch passiert alles *Gleichzeitige* nur noch **zeitgleich.** Vielleicht weil es so zackig klingt. Weil die Zeit darin noch gegenwärtiger ist als in der anderen Variante. Und Zeit ist bekanntlich Money. Gleichzeitig fragt man sich: Kann das denn alles sein im Leben?

zeitnah 📅 Wir werden uns **zeitnah** ebendiesem Wort zuwenden, aber zuvor wollen wir festhalten, dass *zeitfern* keines ist. Geschieht etwas später als erhofft, schreiben wir nicht mit dem Gänsekiel aufs Büttenpapier: »Liebe Frau Mutter, lieber Herr Vater, aufgrund der Weltnachrichtenlage wird es uns in diesem Jahr leider erst zeitferner möglich sein, Euch

138

unsere Aufwartung zu machen.« Auch den Wunsch nach größerer Langsamkeit drückt man nicht so aus: »Finn-Jonas, kau deine Bio-Brokkoli doch mal bitte etwas zeitferner.« Wenn also *zeitfern* Quatsch ist, wie konnte dann **zeitnah** zu einem Synonym für »schnell« oder »umgehend« werden? Der Mensch kann der Zeit nicht entfliehen, also kann er ihr ebenso wenig nah wie fern sein. Beziehungsweise er ist ihr immer gleich nah; da erübrigt sich die Aufforderung, eine Aufgabe **zeitnah** zu erledigen. Anders geht es ja gar nicht. Es sei denn, man kletterte erst durch ein ▶ *Zeitfenster* in eine zeitlose Paralleldimension und dann wieder zurück. Ganz unnütz ist das Adjektiv jedoch nicht. So wenig wie Menschen ihre Distanz zur Zeit beeinflussen können – bei ihren Werken sieht das anders aus. Zusätzlich (und ursprünglich) bedeutet **zeitnah** nämlich »gegenwartsnah« und beschreibt somit die Relevanz eines Kunstwerks für die Zeit, in der es entstanden ist. Meistens sind diese Werke *zeitkritisch*. Was leider auch ein Wort ist, das die Arbeitswelt der Kunstwelt gestohlen hat, um seiner Bedeutung den Hals umzudrehen. Zugegebenermaßen ein schiefes Bild, aber **zeitnah** ist dem Autor kein Besseres eingefallen.

Anmerkungen

Alle Weblinks zuletzt aufgerufen am 6.11.2020.

1   https://www.literaturhaus-hamburg.de/programm/
veranstaltungen/2011-08-23/toter-salon-vol-104-wiglaf-droste

2   https://karrierebibel.de/authentizitat/

3   https://taz.de/Grossangriff-auf-einen-Stadtteil/!5265306/

4   https://www.ostsee-zeitung.de/Mehr/Bilder/Bildergalerien/SDP-
spielen-in-der-Stadthalle

5   https://industriemagazin.at/a/probleme-im-kerngeschaeft-werden-
nicht-in-start-ups-geloest

6   https://www.lz.de/owl/22011627_26-Millionen-Euro-Foerderung-
gegen-den-Salafismus.html

7   https://www.gmuender-tagespost.de/p/317979/

8   https://www.nzz.ch/finanzen/preise-von-wohneigentum-legen-
einen-zwischenspurt-ein-ld.1321360

9   https://www.hamburg-zwei.de/Nachrichten/Hamburg/2018/
November/Jugendwort-des-Jahres-gekuert-Jury-entscheidet-sich-fuer-
Ehrenmann-Ehrenfrau

10 Ebd.

11 https://www.welt.de/print-welt/article200500/Keine-Flecken-bitte.
html

12 Gecrawlt hier: https://corpora.uni-leipzig.de/de/res?corpusId=deu_
newscrawl-public_2018&word=ergebnisoffen

13 https://www.hamburg-zwei.de/The-80s/Stars-im-Wandel-der-Zeit/
Dieter-Bohlen-wird-63-So-hat-er-sich-veraendert

14 https://www.saechsische.de/freital/herbst-ein-bisschen-
nordamerika-feeling-indian-summer-forstbotanischer-garten-
forstpark-tharandt-html-5294580.html

15 https://www.hessenschau.de/sport/fussball/eintracht-frankfurt/
eintracht-kolumne-spieltags-feeling-im-wohnzimmer,reichs-
resterampe-geisterspiele-100.html

16 https://www.neuepresse.de/Sportbuzzer/Sportlerwahl/Radfahrerin-
Wiebke-Rodieck

17 http://www.lessentiel.lu/de/panorama/story/mit-tinder-konnen-sie-
olympia-athleten-daten-19671780

18 https://www.focus.de/reisen/afrika/afrika-abenteuer-afrika-die-
zehn-schoensten-safaris_id_2528273.html

19 https://www.mt.de/lokales/minden/20178407_Soul-und-Rockroehre-punktet.html

20 https://www.zdf.de/sport/das-aktuelle-sportstudio/savchenko-massot-nie-dagewesene-meisterleistung-100.html

21 https://www.welt.de/icon/beauty/article172968234/Schoenheitschirurgie-Die-ersten-Botox-Behandlungen-hatten-etwas-Magisches.html

22 https://www.derwesten.de/sport/laufen/laufblog/der-weg-zum-wunschgewicht-fuehrt-uebers-gluecklichsein-id11414852.html

23 https://www.freiepresse.de/kabarettist-wird-reich-beschenkt-artikel9837457

24 Hugo von Hofmannsthal: »Ein Brief«. In: Der Tag. Berlin, Nr. 489, 18. Oktober 1902 (Teil 1); Nr. 491, 19. Oktober 1902 (Teil 2). (Erstdruck.)

25 Gecrawlt hier: https://corpora.uni-leipzig.de/de/res?corpusId=deu_newscrawl-public_2018&word=kultige; Originalquellen nicht mehr alle online.

26 https://www.boerse-online.de/nachrichten/aktien/emmi-aktie-frische-kurszutaten-1012435664

27 https://www.trend.at/politik/bundesministerin-koestinger-interview-ausmisten-8729825

28 https://www.beobachter.ch/konsum/dienstleistungen/achtsamkeit-meditieren-kann-ihre-gesundheit-gefahrden

29 https://www.mallorcazeitung.es/gesellschaft/2015/01/08/neuenjahr-einfach-mal-nur/34421.html

30 https://www.cosmopolitan.de/mode-trends-2020

31 https://www.rtl.de/cms/jeansjacken-trends-2020-diese-5-must-haves-werden-sie-lieben-4599697.html

32 https://www.gofeminin.de/mode-beauty/album1318623/taschen-trends-0.html#p1

33 https://www.augsburger-allgemeine.de/schwabmuenchen/Bierbrauen-ist-hier-Familiensache-id42371421.html

34 Gecrawlt hier: https://corpora.uni-leipzig.de/de/res?corpusId=deu_newscrawl-public_2018&word=Nachgang; Original nicht mehr online

35 https://www.inka-magazin.de/stadtleben/wochenmarkt-in-der-nordweststadt.html

36 https://www.youtube.com/watch?v=mhNc3oaEUUE

37 https://www.bild.de/partner/lifestyle/bild-fitness/spanking-54014292.bild.html

38 https://www.merkur.de/leben/gesundheit/heuschnupfen-alkohol-allergiker-beachten-sollten-zr-8432380.html

39 https://www.gn-online.de/schaufenster/inhaberwechsel-bei-euregio-immobilien-222343.html

40 https://salzburg.orf.at/v2/news/stories/2842121/

41 https://www.zeit.de/2006/11/Titel_2fMartenstein_11

42 https://www.n-tv.de/sport/Bolt-zwingt-Teufel-Gatlin-in-die-Knie-article19970299.html

43 https://www.derwesten.de/staedte/oberhausen/nee-wattn-haufen-leute-id1645192.html

44 https://www.mdr.de/sachsen/politik/wahlen/bundestagswahl/bundestagswahl-sachsen-direktkandidat-cdu-vogtlandkreis-yvonne-magwas-100.html

45 http://www.oe-journal.at/index_up.htm?http://www.oe-journal.at/Kurznachrichten/2017/nr47_201117_1028.htm

46 https://www.wochenkurier.info/menschen/artikel/zwischen-blumengruesse-statistischen-zahlen-pflanzenpflege-35990/

47 https://www.lz.de/lippe/kreis_lippe/22094845_An-die-Heckenschere-fertig-los-so-wird-der-Garten-fruehlingshaft.html

48 https://cafebabel.com/de/article/quebecer-hipster-regisseur-xavier-dolan-nouvelle-vague-des-globalen-kinos-5ae007e3f723b35a145e2a58/

49 https://www.woz.ch/0749/intifada/die-verwirrte-nation

50 https://www.heute.at/s/theater-in-der-josefstadt-die-highlights-2017-54956652

51 Ausgabe 01/2019

52 https://www.solinger-tageblatt.de/politik/kumpel-oder-kontrolleur-niedersachsens-regierungschef-weil-und-vw-zr-8574145.html

53 https://www.stern.de/wirtschaft/job/arbeitszeugnis---auf-diese-5-punkte-muessen-sie-achten-7467596.html

54 https://www.weltwoche.ch/amp/2012_19/hintergrund/bers-bordell-in-den-sozialstaat-die-weltwoche-ausgabe-192012.html

55 http://uza.uz/de/culture/konzert-von-japanischen-kuenstlern-in-usbekistan-13.09.2012-1594

56 http://www.lessentiel.lu/de/news/luxemburg/story/20824888

57 https://www.faz.net/aktuell/feuilleton/debatten/das-parlament-zwischen-kamel-und-kompromiss-15261783.html

58 https://www.bazonline.ch/schweiz/standard/glauben-sie-jemand-wuerde-mich-waehlen/story/15789830 (Paywall)

59 http://www.lessentiel.lu/de/news/story/reden-ist-nicht-die-antwort-16353507

60 https://www.saz-aktuell.com/tokio-hotel-bill-muss-operiert-werden-alle-konzerte-abgesagt/

61 https://www.manager-magazin.de/lifestyle/reise/dienstreise-vier-wichtige-tipps-zur-risikominimierung-a-1084634-amp.html

62 https://www.welt.de/icon/partnerschaft/article170716839/Ist-es-okay-sein-Kind-per-Smartphone-zu-tracken.html?

63 https://spex.de/lars-eidinger-poverty-porn-zwinker-zwinker/

64 https://industriemagazin.at/a/vw-rueckruf-wird-ein-jahr-dauern

65 zitiert nach: https://industriemagazin.at/a/vw-rueckruf-wird-ein-jahr-dauern

66 http://german.beijingreview.com.cn/China/201604/t20160412_800054346.html

67 https://www.morgenpost.de/vermischtes/article211197433/Bildstarker-G20-Protest-Ueber-diese-Szenen-reden-alle.html

68 https://www.heute.at/s/-ich-gehe-hier-nicht-fremd-das-ist-eine-sex-puppe--47347742

69 https://www.profil.at/gesellschaft/diedrich-diederichsen-ein-sieg-machismo-373429

70 https://wien.orf.at/v2/news/stories/2730747/

71 https://www.harburg-aktuell.de/news/vermischtes/2047-nach-dem-phaenementa-konzept-harburg-soll-ein-science-center-bekommen.html

72 https://de.wikipedia.org/wiki/Wellenlänge

73 https://www.wiwo.de/unternehmen/adidas-chef-hainer-wir-wachsen-schneller-als-die-wettbewerber-seite-3/5290432-3.html

74 https://www.journal.lu/top-navigation/article/der-gesundheit-zuliebe/

75 Gecrawlt hier, Original nicht mehr online: https://corpora.uni-leipzig.de/de/res?corpusId=deu_newscrawl-public_2018&word=Wohlf%C3%BChlbereich

76 https://www.ikz-online.de/gesundheit/wirkt-sport-erst-ab-30-minuten-die-zehn-groessten-lauf-irrtuemer-id6510743.html

77 https://www.ln-online.de/Nachrichten/Norddeutschland/Im-Video-Die-schoensten-Leserbilder-aus-dem-Maerz

78 https://www.zitty.de/interview-mit-dieter-meier/

79 https://www.rnz.de/ratgeber/haus-garten_artikel,-Haus-Garten-Grillen-kochen-und-spuelen-im-Garten-Outdoorkueche-fuer-den-Sommer-_arid,197593.html

80 https://taz.de/Die-Zukunft-der-SPD/!5298635/

Bildnachweis
Victory-Zeichen: Shutterstock/Volodymyr Leus; Sprechblasen,
Stern: Shutterstock/Rashad Ashur; Union Jack, Bierkrug: Shutterstock/Kapreski;
Fernseher: Shutterstock/Mas Ud; Kalender: Shutterstock/etraveler

Bibliografische Information der Deutschen Nationalbibliothek
Die Deutsche Nationalbibliothek verzeichnet diese Publikation in der Deutschen
Nationalbibliografie; detaillierte bibliografische Daten sind im Internet über
http://dnb.dnb.de abrufbar.

© Duden 2021   D C B A
Bibliographisches Institut GmbH, Mecklenburgische Straße 53, 14197
Berlin

Redaktion Juliane von Laffert
Herstellung Maike Häßler
Layout und Satz Dirk Brauns, estra.de, Berlin
Illustrationen und Umschlagabbildung Inge Voets, Berlin
Umschlaggestaltung sauerhöfer design, Neustadt
Druck und Bindung AZ Druck und Datentechnik GmbH,
Heisinger Straße 16, 87437 Kempten

Printed in Germany
ISBN 978-3-411-74023-9
Auch als E-Book erhältlich unter: ISBN 978-3-411-91342-8
www.duden.de

PEFC zertifiziert
Dieses Produkt stammt aus nachhaltig
bewirtschafteten Wäldern und kontrollierten
Quellen.
PEFC
PEFC/04-31-2260
www.pefc.de